材料・仕込み最小限

すごきる作りおき

著・スガ

池田書店

この本は、忙しい生活を送っていても「おいしいものを食べてもらいたい」という気持ちが叶うよう、豊富な作りおきレシピを紹介しています。子どもも大人もおいしく、たくさん食べられる、そして時短にもつながるようなレシピを詰め込みました。まず主菜は、1品作るだけで1食分まかなえる、肉や魚などのたんぱく質と野菜たっぷりのボリュームおかずを。鶏肉、豚肉、ひき肉、牛肉、鮭、ぶり、さばなど、材料ごとにたっぷりと取り揃えました。そして副菜は、主菜を作っている間でもできるような簡単3ステップのレシピも紹介しています。もちろん、全品作りおきできるレシピです。手軽に栄養や彩りを補えたり、アレンジもできるので、1〜2品作りおくだけでも、料理のバリエーションが広がります。また、この本では、さまざまな生活や就業形態の方に対応できるよう、大きく3種類の作りおきを紹介しています。ミールキットのように使える「味つけ冷凍」、下味をつけるからおいしくなる「ちょこっと仕込み」、そして定番の「冷蔵作りおき」のレシピです。そのままはもちろん、丼ものやオーブン焼き、パスタソースなどにもアレンジできる栄養たっぷりの具だくさんボリュームおかずから、野菜1つでできる副菜、野菜たっぷりのソース・ドレッシングまで、200品のレシピを紹介しています。夕食に、お弁当のおかずに、幅広く活用いただけますと幸いです。忙しい毎日の中で、おいしいできたてごはんが食べられますように。

スガ

食材が少ない！
わかりやすい味つけ！
仕込みがラク！
だから、
すぐできる作りおき

CONTENTS

Part 1　肉のおいしい作りおき

野菜1つでパパッと副菜

毎日の料理が断然ラクになる！ スガさんの作りおきアイデアが満載！

本書では、毎日の料理がラクになり、家族にも満足しておいしく食べてもらえるように「味つけ冷凍」「ちょこっと仕込み」「冷蔵作りおき」の3つの作りおきのパターンを提案しています。作りおき歴が長いスガさんだからこその、考え抜かれたラインナップです。そして、これら3つの作りおきの特徴は「すぐできる」がキーワード。「味つけ冷凍」や「ちょこっと仕込み」は、仕込み時間が短いので準備がすぐできる、「冷蔵作りおき」は食べるときにあたためるだけ、そのまま盛りつけるだけで食事の用意がすぐできるというところが最大の特徴です。毎日の料理がとにかく面倒で負担になっている人こそ、本書を活用してほしいと思います。きっと、料理の苦手意識がなくなっていくはずです。

肉、魚＆豆・大豆製品、野菜など 食材別の作りおきで、献立も立てやすい！

本書のもう一つの特徴は、肉、魚＆豆・大豆製品、野菜など、食材別にレシピを紹介しているので、買ってきた食材で検索しやすく、使いやすい構成になっています。肉は部位ごとに「味つけ冷凍」「ちょこっと仕込み」「冷蔵作りおき」の3つの作りおきを提案。ジャンボパックなどの肉を大量買いしたときに、まとめて作ることができて便利です。魚は「味つけ冷凍」「冷蔵作りおき」を、野菜は「冷蔵作りおき」のレシピのほか、簡単に作れる「野菜1つでパパッと副菜」も紹介。さまざまな作りおきパターンを提案しているので、そのときの状況に合わせて、自由自在に組み合わせることができます。肉や魚の作りおきと、野菜の作りおきを組み合わせれば、悩みがちな献立作りもあっという間にできて便利です。

［献立の考え方］

味つけ冷凍
ちょこっと仕込み
冷蔵作りおき

× 野菜1つでパパッと副菜 → 献立の完成！ 毎日の料理がラクになる！

組み合わせは自由自在！

味つけ冷凍

肉、魚に調味料を揉み込み、
切った野菜と一緒に冷凍保存！
当日は凍ったまま加熱でOK！

肉、魚に調味料を揉み込み、切った野菜と一緒に冷凍用保存袋に入れ、密閉して冷凍保存。当日は凍ったまま加熱、または半解凍して加熱するだけだからラク。

作りおきの
パターンが
状況によって
選べる

下ごしらえ&冷凍と当日調理を分けて表示

冷凍保存
期間

下ごしらえと加熱調理の
時間の目安

食べ方のアイデアなど、
スガさんからひと言アドバイスも！

ちょこっと仕込み

前日や当日の朝に少しだけ
仕込んでおくだけで、
調理がラクになる作りおき

前日や当日の朝に、野菜を切る、下味をつけるなど、ちょこっと仕込んでおく作りおきをご紹介。思いついたときにすぐ作れて便利。

仕込み時間、
当日の
調理時間

加熱調理した
おかずの
保存期間

仕込みと当日調理を
分けて表示

仕込んだ後の
保存方法

仕込みは「切る」「下味をつける」に分けて表示

当日の調理法

冷蔵作りおき

時間のある日におかずを
作って冷蔵庫で保存。
あとはあたためるだけでOK！

おかずをたっぷり作って、冷蔵庫に保存しておく作りおき。食べる分だけあたためればOK。そのまま食べられるおかずも豊富にご紹介。

冷蔵・冷凍
保存期間

下準備と本調理を分けてレシピを紹介

仕上がるまでの調理時間

たんぱく質×野菜が1品でとれる!

肉、魚介類と野菜を組み合わせた作りおきだから栄養が手軽にとれる

私が普段作るのは、たっぷりの野菜、海藻、豆の作りおきおかずと、肉や魚のたんぱく質の作りおきおかずです。私の作りおきの特徴は、たんぱく質の肉や魚に、野菜を組み合わせること。こうするだけで、野菜が自然にとれるようになりますし、何品も野菜のおかずを作らなくても、作りおきを1品作って、あとは汁物やパパッとできる副菜を組み合わせるだけで、栄養バランスが整いやすくなります。食べ盛りの子どもがいるご家庭なら、肉や魚をたっぷりと使ったおかず、年配のご家庭なら、野菜や海藻、豆などのおかずというように、それぞれの家族構成や好みの味に合わせて作ってみてください。

point 1 　1皿で肉や魚介、野菜も　しっかり食べられる

献立を考えるときに悩みがちなのが、主菜に合わせる副菜。私の作りおきは、野菜と組み合わせているから、副菜に悩むことなく、1皿でたんぱく質と野菜を食べることができます。余裕があるときは、野菜や海藻、豆などの作りおきおかずを一緒に作ったり、主食を煮込んでいる合間にパパッとできる副菜を作っても。栄養バランスを難しく考えなくても、野菜をたっぷり使った作りおきおかずがあれば、家族の健康管理も安心ですね。

point 2 　主菜と副菜の2品なら　ボリューム＆栄養満点の献立に

私の作りおきおかずは、工程を極力シンプルにしたいから、組み合わせる野菜は1種類のものがほとんど。1皿でも十分野菜を食べられますが、もう1品副菜を添えるなら、違う種類の野菜や海藻を使った副菜を添えましょう。例えば、ピーマンとパプリカ、まいたけを使ったホイル焼きにミニトマトの副菜を添えれば、さらに満足度の高い献立に。緑黄色野菜ときのこを1食で食べられるから栄養満点です。

point 3 　揚げ物には、　生野菜などのさっぱり副菜を

育ち盛りの子どものいるご家庭なら、から揚げなどの揚げ物が人気のことでしょう。揚げ物には、必ず野菜を添えたいので、から揚げの下味をつけるときに、一緒に葉野菜なども切っておきます。そうしておけば、調理中に焦らずに済みますし、揚げたてをすぐに食卓に運ぶことができます。また、キャロット・ラペのような副菜を用意しておくと、レタスやトマトだけの添え野菜ではなく、ボリュームのあるサラダとして、食卓にのせられます。

3つの作りおきのパターンで毎日のごはんがすぐできる!

本書で紹介している作りおきは、大きく分けて3つ。1つ目は「味つけ冷凍」。肉や魚に下味をつけ、切った野菜と一緒に冷凍用保存袋に入れて冷凍保存するだけ。組み合わせる野菜は1〜2種類が大半だから、すぐ作れます。2つ目は「ちょこっと仕込み」。前日に肉や魚に下味をつけ、野菜を切っておくだけ。当日はそのまま加熱するだけだから、食事の用意もラクラク。3つ目は「冷蔵作りおき」。時間のある日にまとめて作っておき、冷蔵保存。当日はあたためるだけ、そのまま盛りつけるだけだから、食事の用意もあっという間です。

味つけ冷凍

肉や魚に下味をつけ、野菜と一緒に冷凍を。当日は凍ったまま加熱

味つけ冷凍は、肉や魚を冷凍用保存袋に入れ、調味料を加えて揉み込んで、ザクザクと切った野菜を入れて平らにならし、しっかり空気を抜いて密閉して冷凍するだけ。仕込み時間はなんとたったの5分！　洗い物も少なくて済みますし、何よりすぐできるのが魅力。肉や魚だけに下味をつけて冷凍するのもおすすめですが、野菜も一緒に冷凍しておけば、当日は野菜を切る手間もなく、凍ったまま火にかけてできあがるので本当にラクです。

ちょこっと仕込み

切る、下味をつける仕込みは前日に。翌日は火にかけるだけ

忙しいときの食事の用意は、とにかく大変です。買い物をして、材料を切って…など、調理するまでの時間を考えると気が遠くなりますね。そこでおすすめなのが、前日にちょこっとだけ仕込んでおくこと。朝余裕のある人は、当日の朝に仕込んでもよいと思います。材料を切って、下味をつけて冷蔵庫に入れておくだけ。帰ってきたら、そのまま調理するだけだから、食事の用意がすぐできますし、味もしみ込むので一石二鳥。

冷蔵作りおき

時間のある日にまとめて作っておく肉・魚介・野菜のおかず

私は土曜日に買い物に行き、日曜日の時間のあるときに作りおきをしています。肉、魚、豆、野菜の作りおきおかずをしっかり作っておけば、平日の食事作りが断然ラクになりますし、栄養バランスも自然にとれます。炒め物や煮込み、スープなどはまとめて作っておけば、当日あたためるだけですし、サラダやマリネなどの冷たいままでもおいしい副菜なら、器に盛りつけるだけ。とにかく、平日にラクできるのがうれしいところです。

野菜と乾物を
上手に使って健康管理!

体の調子を整える
ビタミン・ミネラルたっぷりの
おかずを作りおき

私は、野菜と乾物の作りおきが好きでよく作ります。
私の場合は、子どもも成人しているので、だいたい、
肉や魚のおかず1に対し、野菜や海藻のおかず4
ぐらいの割合。ビタミンとミネラルが豊富な野菜や
海藻を上手にとることで、体調もよく、健康な状態
をキープできています。育ち盛りの子どもがいるご
家庭なら、肉や魚のおかず1に対して、野菜、海藻
のおかず1ぐらいの割合で作ってもいいのかもしれ
ません。そして、本書で紹介する野菜と乾物の作り
おきは、とにかく簡単。具だくさんの野菜たっぷり
スープや、野菜1つでできる作りおきもたくさん紹
介していますから、気軽に作れます。普段、野菜不
足に悩んでいるならなおさらのこと、野菜と海藻の
作りおきを多めに作って、日々の食卓に取り入れて、
家族の健康管理に役立ててください。

point 1　旬の野菜で作りおきおかずを作る

野菜は通年スーパーで手に入るようになりましたが、やっぱり旬の野菜が一番おいしいと思います。安いですし、ハウス栽培の野菜と違い、香りがよく、みずみずしく、濃いうま味を感じることができます。キャベツや白菜も丸ごと1個、じゃがいもや玉ねぎを箱買いしても、本書で紹介する作りおきおかずなら、上手に使いきることができて経済的です。また、栄養価も高いので、ビタミン、ミネラル、食物繊維の補給にもなります。

point 2　乾物は常にストックして作りおきに活用を

乾燥わかめやひじき、切干大根、高野豆腐などの乾物は、保存がきくうえ、カルシウムやミネラル、食物繊維をたっぷり含むから、常備しておきたい食材です。私は毎週必ず、乾物のおかずを1～2品作りおくようにしています。それがあるだけで副菜の1品にもなりますし、ごはんに混ぜたり、卵焼きの具材に使ったりなど、アレンジもききます。お弁当にちょっと入れるだけでも、栄養価がグッと高まります。

point 3　煮込み料理などを作る間にパパッと副菜を作る

煮込み料理やスープなど、時間のかかる料理を作るときは、空いている時間で、野菜を使ったパパッとできる副菜を作りましょう。本書で紹介している「野菜1つでパパッと副菜」は、どれも野菜1つでできるものばかり。旬の野菜を大量に買っても使いきれないときも、空いている時間を利用して作りおきしておくのがおすすめです。まとめて作って冷蔵保存しておけば、毎晩の献立の助けに。上手に時間を使えば、作りおきはもっとラクになります。

おいしい味つけの法則
7つの黄金比率をフル活用！

定番の味つけの
黄金比率を覚えておけば
アレンジ無限大です

いつも同じ味つけになってしまう…。作りおきでも、普段の料理でも同じですが、迷いがちなのが味つけです。この本では味つけのパターンが決まっていて、甘辛味、みそ味、塩味、甘酢味、南蛮味、洋風味、オイスター味の7種類。実はそれぞれの味つけには、黄金比率があります。これさえ覚えておけば、そのときに使う材料によって甘さや塩加減を変えてみたり、にんにく、しょうが、ねぎなどの香味野菜を加えてみたり、アレンジが自在にできるようになります。また、味をパターン化することで、料理を作ることがラクに感じられるでしょう。まずは、本書のレシピ通りに作ってみて、味の変化を楽しんでみてください。あとは、自分や家族の好みに合わせてアレンジしていただくのもおすすめです。

味つけ冷凍やちょこっと仕込みは
肉や魚に調味料を揉み込んでうま味アップ

本書の特徴でもある味つけ冷凍、ちょこっと仕込みは、あらかじめ、肉や魚に調味料を揉み込んで、冷凍庫や冷蔵庫に入れて寝かせています。このように、調味料をあらかじめ揉み込んでおくことで、味のしみ込みがよくなるだけでなく、肉や魚のうま味を引き出してグッとおいしくしてくれます。下記で紹介している味つけの黄金比率を活用して、味のバリエーションを楽しみましょう。

スガさんの主な味つけの黄金比率７パターン

パターン	味つけ&黄金比率	こんな料理に
①甘辛味 こってりとした甘めの しょうゆ味	しょうゆ1：みりん1 または、しょうゆ3：砂糖1：みりん1 ＊材料により甘さを適宜加減する ＊にんにく、しょうが、バター、 　少量の酢などをプラス	＊鶏むね肉と小松菜の甘辛炒め→P32 ＊豚バラ肉とかぼちゃのスタミナ炒め→P66 ＊ポークジンジャー→P70 ＊牛肉のタレ漬け焼き→P82 ＊じゃがいもの甘辛そぼろ煮→P96　など
②みそ味 甘めのみそ風味が いきた味	みそ3：砂糖2：みりん2：しょうゆ1 ＊材料により甘さを適宜加減する ＊にんにくなどをプラス	＊鶏もも肉となすのみそ炒め→P26 ＊豚バラ肉とピーマンの回鍋肉→P64 ＊肉みそ→P97 ＊さばのみそ煮→P120　など
③塩味 スープのうま味と塩の シンプルな味	油3：顆粒鶏がらスープの素3：塩こしょう1 ＊オリーブオイルまたはごま油、 　材料により適宜加減する ＊にんにく、ねぎなどをプラス	＊鶏もも肉とキャベツのガーリック炒め→P26 ＊鶏むね肉とレタスのうま塩炒め→P32 ＊豚バラ肉のねぎ塩ダレ→P58　など
④甘酢味 とろみのある 甘酢っぱい味	しょうゆ2：酢2：酒2：砂糖2：みりん1 ＊材料により甘さを適宜加減する ＊白炒りごまを適宜追加する ＊酢をケチャップと差し替え	＊鶏むね肉と野菜の甘酢煮→P34 ＊豚こまと彩り野菜の甘酢ごまダレ→P52 ＊豚肉の甘酢ソース→P70 ＊さばの甘酢あん→P122　など
⑤南蛮味 酸味がきいた 甘辛しょうゆ味	しょうゆ4：酢4：砂糖3 ＊だし汁で適宜加減する ＊好みで赤唐辛子をプラス	＊鶏むね肉のチキン南蛮→P36 ＊豚こまの南蛮漬け→P54　など
⑥洋風味 スパイスがきいた こってりトマト味	ケチャップ1：ウスターまたは中濃ソース1 ＊材料により適宜加減する ＊しょうゆ、顆粒コンソメスープの素、 　カレー粉、トマト缶などで適宜調整する	＊ポークチャップ→P76 ＊豚肉となすのトマト煮→P78 ＊お手軽ハッシュドビーフ→P80 ＊お手軽ミートソース→P88 ＊キーマカレー→P88　など
⑦オイスター味 牡蠣のうま味 たっぷりの中華味	オイスターソース1：酒1：しょうゆ1 ＊材料により適宜加減する ＊にんにく、しょうがなどを適宜追加する ＊酒をマヨネーズと差し替え	＊鶏むね肉とパプリカのオイマヨ炒め→P37 ＊豚肉とブロッコリーのオイスターソース炒め→P68 ＊豚肉と大根のオイスターソース炒め煮→P79　など

コールドスタートで
作りおきも簡単においしく！

コールドスタートが基本。
じっくり火を通して
長持ちする作りおき

私の作りおき調理の基本は、ズバリ「コールドスタート」。この調理法は、フライパンに油と食材を入れ、蓋をして加熱するというもの。食材が冷たい状態から徐々に火入れしていくので、低温調理のような効果があります。肉や魚はしっとりとジューシーな味わいに、野菜のうま味も最大限に引き出し、食べ応えも満点。そして、何よりうれしいのが、失敗が少ないということ。火加減がわからず料理が苦手で悩んでいる人も、コールドスタートをマスターできれば、簡単においしい作りおきおかずが作れるようになります。また、油はねも少ないので、後片づけもラクちん。本書のレシピにはポイントもわかりやすく解説しているので、ぜひ参考にしてみてください。

point 1　下ごしらえは シンプルが一番！

調理で一番面倒なのが、下ごしらえ。組み合わせる野菜が多かったり、面倒な切り方だったりすると、途端に面倒に感じてしまうもの。私の作りおきの下ごしらえは、とにかくシンプル。組み合わせる野菜も1〜2種類のものがほとんどですし（中には多いものもありますが）、切り方も、ざく切りや細切りなどがほとんどなので、下ごしらえに時間はかかりません。

フライパンに油、肉を入れて蓋をして加熱。

焼き色がついたら野菜を加えて再び加熱。

point 2　コールドスタートで じっくり火を通す

コールドスタートって聞いたことはあるけど、実際やったことがない人も多いかもしれません。まずは、コツを覚えましょう。基本の流れは変わらないので、レシピの工程や火加減、加熱時間を参考にしながら作ってみてください。じっくり火を通すのがコツです。

1　合わせ調味料を用意します。
2　フライパンなどに油と肉や魚を入れて蓋をしてから弱火にかけます。
3　色が変わってきたら、野菜、調味料を加えて、炒め合わせるだけ。

全体に火が通ったら、合わせ調味料をイン。

煮汁がほとんどなくなるまで加熱する。

point 3　とろみをつけると 水が出ないから長持ち

本書で紹介している作りおきおかずは、肉や魚に片栗粉をまぶしたり、合わせ調味料に片栗粉を入れて、とろみのある仕上がりにしているものが多いです。これは、肉や魚のうま味を閉じ込めるとともに、野菜全体にも味をからみやすくするためです。濃厚に味がからむから、ごはんにもぴったり！また、作りおきおかずは日にちが経つと水が出やすくなり、傷みやすくなりますが、とろみをつけることで水が出るのを防ぎ、おいしさをキープすることができます。

作りおきはフライパンで
あたためるべし！

冷凍・冷蔵保存した
作りおきを食べるときは
フライパンで加熱がベスト

作りおきおかずをせっかく作っても、イマイチおいしくない…と感じることはありませんか？　ポイントはあたため方にあります。冷蔵保存した作りおきおかずは電子レンジで加熱してもOKですが、私がおすすめするのは、フライパンでじっくりとあたためること。フライパンに食べる分量だけの作りおきおかずを入れ、水を少量加えて蓋をして加熱します。こうすることで、ふっくらとできたてのおいしさを味わえるのでおすすめです。味つけ冷凍の場合は、野菜と一緒に冷凍しているものは自然解凍ではなく、凍ったままフライパンに入れ、水を加えて加熱しましょう。野菜の食感がいきておいしく仕上がります。肉や魚を自然解凍して調理する場合は、冷蔵庫での解凍をおすすめします。

CASE 1 冷凍作りおきのとき

凍ったまま加熱する

味つけ冷凍の作りおきおかずを加熱する場合、凍ったままの状態でフライパンに入れ、水100mlを加えて蓋をし、弱めの中火で20分ほど加熱します。蒸気が出はじめたら、ヘラで切るようにして全体を混ぜ合わせ、蓋をしてさらに10分ほど加熱しましょう。全体に蒸気がまわり、じっくりと周りから加熱、火入れされるので、解凍と加熱が同時にできます。水分を加えることで、かたくなりにくく、ふっくらとおいしく仕上がります。

あたためたいおかずを深めのフライパンに入れ、水を少量加える。

蓋をして弱めの中火で5分ほど加熱して、じっくり全体をあたためて。

CASE 2 あたためるだけのとき

冷蔵作りおきのおかずの中でも、煮物や煮込み料理、スープなどの汁けが多いものや炒め物などのおかずは、フライパンであたため直しを。食べる分だけフライパンに入れて、水分を少量加え、蓋をして弱めの中火で加熱しましょう。例えば、2人分だけあたためる場合は、水を大さじ1〜2ぐらい加え、5分ほど加熱するといいでしょう。揚げ物をあたためるときは、アルミホイルに包んでトースターやグリルを使うのがおすすめです。

memo 電子レンジであたためるときは

作りおきおかずを電子レンジであたためる場合は、耐熱皿に食べる分を盛りつけ、ふんわりとラップをしてあたためキーを押します。煮物や煮込み料理、スープなどの汁けが多い料理をあたためるときは、一度加熱を中断して取り出したあと、スプーンなどで全体をよくかき混ぜ、もう一度あたためキーで加熱すると、まんべんなく熱が行き渡ります。また、少し日にちが経ったおかずをあたためるときは、水を少量加えてから、ふんわりラップをして加熱するのがベスト。から揚げやフライなどは電子レンジより、トースターやオーブンであたためましょう。

衛生3ヵ条で
最後までおいしく食べきる！

食中毒を防止するための
「つけない」「増やさない」
「やっつける」

作りおきおかずを作るなら、よりおいしく長持ちさせるために、衛生面で気をつけてほしいことがあります。食中毒予防の基本は「つけない」「増やさない」「やっつける」の3ヵ条。こちらを基本に、いくつかのポイントを押さえておきましょう。買い物から帰ってきたあとは、食材をすぐに冷蔵庫や冷凍庫に入れて保存を。また、作りおきおかずを作るときは、必ず手洗いをし、保存容器もアルコールスプレーなどで消毒すること。キッチンは常に清潔な状態にしておきましょう。野菜は必ずよく洗い、水けをよくきることもポイント。また、作りおきおかずは、しっかりと中まで火を通します。殺菌作用のあるスパイスや酢を使えば、日持ちするのでおすすめです。

保存容器は、必ずアルコールスプレーで消毒を。

point 1 食材の水けはしっかりと きってから調理する

青菜やキャベツ、白菜、もやし、きのこなどをゆでたあとに、あえ物やサラダにするときは、水けをしっかりきってから調理するのがポイント。余分な水分が残ったまま調理をしてしまうと、味がぼやけて残念な仕上がりになるのと同時に、食中毒菌が増えるもとになります。戻した乾物も水けをぎゅっと絞ってから調理しましょう。また、調理中に食材を放置すると、細菌が食材についたり増えたりすることがあるので注意が必要です。

point 2 十分に加熱して 急冷してから冷蔵保存を

加熱調理のときは、十分に中まで加熱しましょう。鍋底や鍋肌から全体をかき混ぜ、料理全体が空気に触れるようにしながら、全体を沸騰させるのもポイント。食材に中途半端に火を通してしまうと細菌が繁殖してしまうので、食材の中心点が75℃以上、1分以上加熱しましょう。また、おかずが熱いうちに冷蔵庫に入れると、冷蔵庫内の温度が上がり、ほかの食材が傷みやすくなる原因に。早めに急冷してしっかり冷ましてから冷蔵庫で保存しましょう。

point 3 スパイス・オイル・酢を きかせた調理方法で長持ち

作りおきおかずは、スパイスやオイル、酢をきかせた調理法が向いています。唐辛子、こしょう、にんにく、しょうが、酢は殺菌効果が高いので、積極的に使いましょう。また、オイルは食材が直接空気に触れるのを防ぐので、酸化予防に効果的です。酢漬けやマリネ、オイル漬けは、塩分を控えてもおいしく食べられ、減塩にも効果的です。また、これらを使った作りおきを献立に取り入れると、味にメリハリがついて、満足感も高まります。

保存容器のこと

作りおきに欠かせない保存容器のこと。本書で使用している保存容器の特徴をご紹介します。
使用するときは、アルコールスプレーで消毒することを忘れずに。

ホーロー製保存容器

作りおきおかずの保存に使えるのはもちろん、そのまま直
火やオーブンで加熱できる。色移りもしにくいのが特徴。

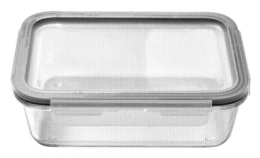

ガラス製保存容器

電子レンジやオーブン対応のものが多く、保存だけでなく、
あたため直しもできる。そのまま食器としても使える。

プラスチック製保存容器

安くて軽くて使いやすい。色移りはしやすいが、中身がよく
見えて探しやすい。重ねて収納しやすいので便利。

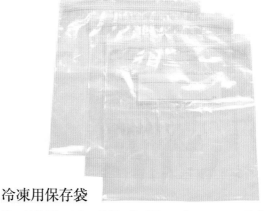

冷凍用保存袋

味つけ冷凍のときに使用。袋は厚みのある0.06mm前後
で、ジッパーはダブルのものが密閉性が高くて良質。

この本の決まり

- 材料は4人分を基本としています。
- 計量単位は大さじ1＝15㎖、小さじ1＝5㎖、1カップ＝200㎖、米1合＝180㎖です。
- 「少々」は小さじ1/6未満を、「適量」はちょうどよい量を入れること、「適宜」は好みで必要があれば入れることを示します。
- 野菜類は特に記載のない場合、皮をむくなどの下処理を済ませてからの手順を説明しています。
- 火加減は、特に表記のない場合、中火で調理してください。
- 電子レンジは600Wを基本としています。500Wの場合は加熱時間を1.2倍にしてください。機種によって加熱時間に差があることがあるので、様子を見ながら加減してください。
- 保存期間は目安の期間です。季節や保存状態によって、保存期間に差が出るので、できるだけ早く食べきりましょう。
- 食材はすべてよく洗い、水けを拭き取ってから使いましょう。
- 水けを拭き取る際は、ペーパータオルを使用しています。

Part 1

ボリューム満点！

肉のおいしい作りおき

肉類に野菜を1つ組み合わせた、メインになるレシピが盛りだくさん。
まとめて買ってきたときに、一緒に仕込むのがおすすめ。
味つけのレパートリーも豊富なので、飽きることなく楽しめます。

ボリュームたっぷり、食欲を刺激するガッツリおかず!

鶏もも肉とキャベツの ガーリック炒め [冷凍 **3** 週間]

材料(4人分)

鶏もも肉……2枚(300g×2)

キャベツ……1/2個

A｜酒・片栗粉 ……各大さじ3

｜オリーブオイル・顆粒 鶏がらスープの素 ……各大さじ1

｜すりおろしにんにく ……小さじ2

｜塩・粗びき黒こしょう ……各小さじ1/2

水……100㎖

サラダ油……小さじ2

下ごしらえ　5分

1 鶏肉は一口大に切り、キャベツは一口大のざく切りにする。

冷凍する

2 冷凍用保存袋にA、鶏肉を入れて軽く揉み込み、キャベツを加えて平らにならす。袋の空気を抜いて口を閉じ、冷凍する。

甘辛いにんにくみそがやみつき!

鶏もも肉となすの みそ炒め [冷凍 **3** 週間]

材料(4人分)

鶏もも肉……2枚(300g×2)

なす……4〜5本

A｜みそ・片栗粉 ……各大さじ3

｜砂糖・みりん ……各大さじ2

｜しょうゆ……大さじ1

｜すりおろしにんにく ……小さじ1

水……100㎖

サラダ油……小さじ2

下ごしらえ　5分

1 鶏肉は一口大に切り、なすはガクを取り除き、一口大の乱切りにする。

冷凍する

2 冷凍用保存袋にA、鶏肉を入れて軽く揉み込み、なすを加えて平らにならす。袋の空気を抜いて口を閉じ、冷凍する。

鶏もも肉のうま味が野菜にもしみ込んで、大満足のおかずに。
中までしっかり火が通るように蒸し焼きにすれば、さらにふっくらジューシー！

にんにくと黒こしょう風味がトロッとからむ！

（当日調理）⏱ 35分

凍ったまま加熱

3 フライパンにサラダ油を薄くひき、凍ったままの**2**、水を入れて軽くほぐす。蓋をして弱めの中火にかけ20分ほど加熱する。

4 蒸気が出はじめたら、ヘラで切るようにして全体を混ぜ合わせ、蓋をして10分ほど加熱する。蓋を開け、全体を混ぜ合わせながら、1〜2分炒める。

〜〜〜〜〜〜〜〜〜〜〜〜〜〜〜〜
ごはんにのせて丼やのっけ弁に
ごはんの上に直接のせて丼にしたり、のっけ弁にすると、ごはんに味がしみ込んでおいしくなります。

鶏もも肉｜味つけ冷凍

ボリュームたっぷりでごはんがすすむ！

（当日調理）⏱ 35分

凍ったまま加熱

3 フライパンにサラダ油を薄くひき、凍ったままの**2**、水を入れて軽くほぐす。蓋をして弱めの中火にかけ20分ほど加熱する。

4 蒸気が出はじめたら、ヘラで切るようにして全体を混ぜ合わせ、蓋をして10分ほど加熱する。蓋を開け、全体を混ぜ合わせながら、1〜2分炒める。

〜〜〜〜〜〜〜〜〜〜〜〜〜〜〜〜
チーズをプラスしてボリュームアップ
粉チーズをトッピングすると子どもも喜ぶ一品に。溶けるチーズをのせてオーブンで焼いてもおいしい。

鶏もも肉

しっかりした味つけで野菜がすすむ！

鶏もも肉の
チキンチャップ

材料(4人分)

鶏もも肉……2枚(300g×2)

A | トマトケチャップ
　……大さじ3
　みりん・片栗粉
　……各大さじ2
　しょうゆ……小さじ4
　すりおろしにんにく
　……小さじ1

水……50ml

塩……小さじ1/4

サラダ油……小さじ2

キャベツ……1/4個

エリンギ……1パック

作り方 🕐 5分

[切る]

1 鶏肉は一口大に切る。キャベツは4〜5cm角に切り、エリンギは縦に裂く。

[下味をつける]

2 ボウルにAを混ぜ合わせ、鶏肉を入れて軽く揉む。
↓
鶏肉は冷蔵庫で10分〜一晩(8時間)おく。

＊野菜は保存容器に入れ、冷蔵庫で保存。

鶏もも肉でカリッとうま味溢れる！

鶏のから揚げ

材料(4人分)

鶏もも肉……2枚(300g×2)

A | しょうゆ……大さじ2
　酒……大さじ1
　すりおろしにんにく
　……小さじ2
　すりおろししょうが
　……小さじ1

卵……1個

B | 片栗粉……大さじ5
　米粉……大さじ1

サラダ油……適量

サニーレタス……4枚

ミニトマト……4個

作り方 🕐 5分

[切る]

1 鶏肉は一口大に切る。サニーレタスは食べやすい大きさにちぎる。ミニトマトはヘタを取る。

[下味をつける]

2 ボウルにAを混ぜ合わせ、鶏肉を入れて軽く揉む。
↓
鶏肉は冷蔵庫で10分〜一晩(8時間)おく。

＊野菜は保存容器に入れ、冷蔵庫で保存。

鶏肉に下味をしっかりつけておけば、肉汁と一緒に漬けダレのケチャップや
しょうゆの味がジュワーッとしみ出て、ごはんがすすむおかずになること間違いなし。

野菜ときのこを
添えれば
栄養満点に！

当日調理 ⏱20分

蒸し焼きにする

3 フライパンにキャベツ、エリンギ、水、塩を
回し入れて蓋をする。強めの中火にかけ、
蒸気が出たら中火にし、1〜2分加熱して、
器に盛る。

4 3のフライパンをさっと拭いてサラダ油を薄
くひき、鶏肉の皮目を下にして入れ、漬け
汁を加える。中火で7〜8分加熱する。

5 焼き色がついたらひっくり返し、蓋をして
弱火にし、5〜6分加熱する。蓋を開け、中
火にして1分ほど沸騰させ、全体を混ぜて
煮汁をからめる。

＊冷蔵5日／冷凍1ヶ月

〜〜〜〜〜〜〜〜〜〜〜〜〜〜〜〜
マヨネーズやチーズを加えて焼いて
マヨネーズや、溶けるチーズを混ぜ込んでオーブンで
焼いたり、仕上げにバターを加えるとコクがアップ。

鶏もも肉 ─ちょこっと仕込み

二度揚げで
出せる
極上の
サクサク感！

当日調理 ⏱25分

揚げる

3 鶏肉に卵を加えて揉み込み、**B**を加えて全
体をよく混ぜ合わせる。

4 フライパンに底から3cmの高さのサラダ油
を入れ、170℃に加熱する。3を入れて中
火で3分ほど揚げ、油をきる。

5 4分ほど休ませたら、180℃に熱したサラダ
油に入れて表面が濃いきつね色になるまで
2分ほど揚げ、油をきる（冷蔵5日／冷凍1
ヶ月）。

6 器に5を盛り、サニーレタス、半分に切っ
たミニトマトを添える。

〜〜〜〜〜〜〜〜〜〜〜〜〜〜〜〜
好みの調味料をつけて
マヨネーズ、一味・七味唐辛子をかけたり、カレー粉
などをかけて味変を楽しんで。

韓国風のおかずでごはんがすすむ！
れんこんのシャキシャキ食感も◎

鶏もも肉と
れんこんの
ヤンニョム風

［冷蔵 **5**日／冷凍 **1**ヶ月］

材料（4人分）

鶏もも肉……2枚（300g×2）
れんこん……2節（400g）
片栗粉……大さじ3
サラダ油……小さじ2
A ｜ コチュジャン・トマトケチャップ
　　　……各大さじ2
　　　しょうゆ・みりん……各大さじ1
　　　すりおろしにんにく・砂糖
　　　……各小さじ1

作り方 ⏱ 30分

［下準備］

1 鶏肉は一口大に切り、片栗粉を
　揉み込むようにまぶす。れんこ
　んは大きめの一口大に切る。

［本調理］

2 フライパンにサラダ油を薄くひ
　き、鶏肉の皮目を下にして入れ
　て中火にかけ、10分ほど加熱
　する。

3 焼き色がついたらひっくり返し、
　弱めの中火にする。れんこんを
　加えて混ぜ、**A**を加えて全体を
　混ぜてなじませ、蓋をする。

4 沸騰したら、8～9分加熱する。
　煮汁がほとんどなくなったら、底
　からかき混ぜて煮汁をからめる。

韓国の定番料理ヤンニョムチキン風に、和風味でほっとするかぼちゃ煮も、
鶏肉に負けない存在感の野菜がゴロゴロ。食材は2つでも、満足感はバッチリです。

かぼちゃの甘みと甘辛ダレが
あと引くおいしさ！

鶏もも肉とかぼちゃの甘辛炒め煮 [冷蔵**5**日／冷凍**1**ヶ月]

材料（4人分）

鶏もも肉……2枚（300g×2）

かぼちゃ……1/4個（正味300〜400g）

片栗粉……大さじ2

サラダ油……小さじ2

A｜酒・しょうゆ……各大さじ3
　｜みりん……大さじ1

作り方 🕐 30分

[下準備]

1 鶏肉は一口大に切り、片栗粉を揉み込むようにまぶす。かぼちゃは種とワタを取り除き、皮ごと小さめの一口大に切る。Aは混ぜ合わせておく。

[本調理]

2 フライパンにサラダ油を薄くひき、鶏肉の皮目を下にして入れて中火にかけ、10分ほど加熱する。

3 焼き色がついたらひっくり返し、弱めの中火にする。かぼちゃを加えて混ぜ、Aを加えて全体を混ぜてなじませ、蓋をする。

4 沸騰したら、12〜13分加熱する。煮汁がほとんどなくなったら、底からかき混ぜて煮汁をからめる。

〜〜〜〜〜〜〜〜〜
グラタンに
ホワイトソースと溶けるチーズをかけ、オーブンで焼いてグラタンに。ホクホクかぼちゃとホワイトソースがマッチ。

熱々で食べたい！
白菜のトロトロ感がたまらない

鶏もも肉と白菜のとろとろ煮

[冷蔵**4**日／冷凍**1**ヶ月]

材料（4人分）

鶏もも肉……2枚（300g×2）

白菜……1/2個（1300g）

A｜酒……100㎖
　｜しょうゆ……大さじ3
　｜すりおろししょうが……大さじ2
　｜砂糖……小さじ2

B｜片栗粉・水……各大さじ3

作り方 🕐 30分

[下準備]

1 鶏肉は一口大に切る。白菜は芯を取り除いて、縦2等分に切り、繊維を断ち切るように2〜3cm幅に切る。Bは混ぜ合わせておく。

[本調理]

2 フライパンに、白菜の半量、鶏肉、A、残りの白菜を順に入れ、蓋をする。

3 強めの中火にかけ、15分ほど加熱し、蒸気が出たら中火にする。蓋を開け、底からかき混ぜて白菜全体を煮汁につける。

4 蓋をして6〜7分蒸し煮にし、弱火にしてBを加える。全体を混ぜながら3分ほど加熱する。

鶏もも肉 ｜冷蔵作りおき

鶏むね肉

ボリュームたっぷり、野菜もたんぱく質もこれ一品で！

鶏むね肉と小松菜の甘辛炒め ［冷凍**3**週間］

材料（4人分）

鶏むね肉……2枚（300g×2）

小松菜……2束

A｜しょうゆ・片栗粉……各大さじ3

　　砂糖……小さじ4

　　みりん……大さじ1

　　すりおろしにんにく・すりおろししょうが……各小さじ1

水……100mℓ

サラダ油……小さじ2

下ごしらえ　🕐5分

1　鶏肉は繊維を断ち切るように、1.5cm厚さの一口大のそぎ切りにする。小松菜は4～5cm幅に切る。

冷凍する

2　冷凍用保存袋にA、鶏肉を入れて軽く揉み込み、小松菜を加えて平らにならす。袋の空気を抜いて口を閉じ、冷凍する。

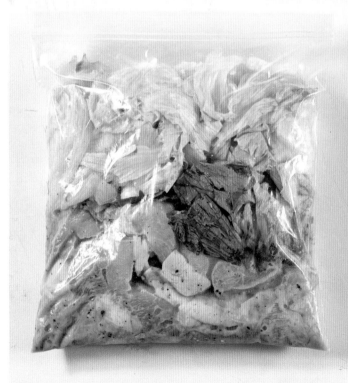

丸ごとレタスと香ばしい鶏肉をたっぷり召し上がれ！

鶏むね肉とレタスのうま塩炒め ［冷凍**3**週間］

材料（4人分）

鶏むね肉……2枚（300g×2）

レタス……1個

A｜片栗粉……大さじ3

　　ごま油……大さじ1

　　顆粒鶏がらスープの素……小さじ2

　　すりおろしにんにく・しょうゆ……各小さじ1

　　こしょう……小さじ1/2

　　塩……小さじ1/4

水……100mℓ

サラダ油……小さじ2

＊こしょうは、粗びき、粉末のどちらでも可。

下ごしらえ　🕐5分

1　鶏肉は繊維を断ち切るように、1.5cm厚さの一口大のそぎ切りにする。レタスは5～6cm角にちぎり、ざるにあげて水けをきる。

冷凍する

2　冷凍用保存袋にA、鶏肉を入れて軽く揉み込み、レタスを加えて平らにならす。袋の空気を抜いて口を閉じ、冷凍する。

高たんぱくで低脂質な鶏むね肉は、ダイエット中やトレーニングの強い味方。
お年寄りにも不可欠な栄養素なので、家族みんなで食べたいおすすめの食材です。

小松菜で
カルシウムを
しっかり補給！

当日調理 🕐 35分

凍ったまま加熱

3 フライパンにサラダ油を薄くひき、凍ったままの**2**、水を入れて軽くほぐす。蓋をして弱めの中火にかけ、20分ほど加熱する。

4 蒸気が出はじめたら、ヘラで切るようにして全体を混ぜ合わせ、蓋をして10分ほど加熱する。蓋を開け、全体を混ぜ合わせながら、1〜2分炒める。

ゆでたパスタとあえて
ゆでたパスタにあえるだけで、ボリューム満点の一品に。甘辛い味つけがパスタとよく合う簡単アレンジ。

ごま油がきいた
うま塩ダレが
たまらない！

当日調理 🕐 35分

凍ったまま加熱

3 フライパンにサラダ油を薄くひき、凍ったままの**2**、水を入れて軽くほぐす。蓋をして弱めの中火にかけ、20分ほど加熱する。

4 蒸気が出はじめたら、ヘラで切るようにして全体を混ぜ合わせ、蓋をして10分ほど加熱する。蓋を開け、全体を混ぜ合わせながら、1〜2分炒める。

蒸し中華麺と一緒に
蒸し中華麺を加えれば、これ一品で満足のあんかけ塩焼きそばに。タレが麺によくからんで、最後までおいしくいただけます。

鶏むね肉

隠し味に酢を加えて、コクのある味わいに

鶏むね肉の照り焼き

材料(4人分)

鶏むね肉
　……2枚(300g×2)

A｜しょうゆ・片栗粉
　　……各大さじ3
　｜砂糖……小さじ4
　｜みりん……大さじ1
　｜酢……小さじ1

サラダ油……小さじ2
青じそ……4枚

作り方 🕐 5分

[切る]

1 鶏肉は繊維を断ち切るように、1.5cm厚さの一口大のそぎ切りにする。青じそは茎を切り落とす。

[下味をつける]

2 保存容器にAを混ぜ合わせ、鶏肉を入れて軽く揉む。
　↓
　鶏肉は冷蔵庫で10分～一晩(8時間)おく。

*青じそは保存容器に入れ、冷蔵庫で保存。

野菜の下ごしらえも済ませておくとラク!

鶏むね肉と野菜の甘酢煮

材料(4人分)

鶏むね肉
　……2枚(300g×2)

れんこん……1節(200g)
にんじん……1本
玉ねぎ……1/2個

A｜砂糖・酢・しょうゆ・
　　酒・片栗粉
　　……各大さじ2
　｜みりん……大さじ1

だし汁……100ml
サラダ油……小さじ2
*だし汁は、水100ml＋
顆粒和風だしの素小さじ
1/4で代用可。

作り方 🕐 5分

[切る]

1 鶏肉は繊維を断ち切るように、1.5cm厚さの一口大のそぎ切りにする。れんこんは1cm幅の半月切りにし、水にさらし、ざるにあげて水けをきる。にんじんは小さめの乱切りにし、玉ねぎは2～3cmの角切りにする。

[下味をつける]

2 保存容器にAを混ぜ合わせ、鶏肉を入れて軽く揉む。
　↓
　鶏肉は冷蔵庫で10分～一晩(8時間)おく。

*野菜は保存容器に入れ、冷蔵庫で保存。

加熱調理でかたくなりやすい鶏むね肉は、酢を使うとやわらかくなっておすすめ。
また、防腐効果もあるので、作りおきにはぴったりの組み合わせです。

こんがり
ふわっとやわらかい
甘辛照り焼き

鶏むね肉｜ちょこっと仕込み

当日調理 ⏱ 15分

蒸し焼きにする

3 フライパンにサラダ油を薄くひき、2の汁けを軽くきって入れ（漬け汁は取っておく）、蓋をする。弱火にかけ、10分ほど加熱する。

4 焼き色がついたら、ひっくり返して蓋をし、2〜3分蒸し焼きにする。蓋を開け、残りの漬け汁を加えて、さらに2〜3分加熱し、混ぜ合わせて煮汁を全体にからめる（冷蔵5日／冷凍1ヶ月）。

5 器に青じそ、4を盛る。

サラダやサンドイッチに
味がしっかりしているので、レタスやトマト、ゆで卵とあえてサラダにしても。食べやすい大きさに切り、サンドイッチの具材として使うことも可。

根菜と玉ねぎ、
たっぷりの鶏肉で
食べ応え満点！

当日調理 ⏱ 20分

蒸し焼きにする

3 フライパンにサラダ油を薄くひき、鶏肉の汁けを軽くきって入れ（漬け汁は取っておく）、野菜を加えて蓋をする。弱火にかけ、10分ほど加熱する。

4 焼き色がついたら、ひっくり返してだし汁、残りの漬け汁を加えて全体になじませ、蓋をする。中火にし、沸騰したら弱めの中火にして10分ほど加熱する。

＊冷蔵5日／冷凍1ヶ月

和風味のとろみあんとして
蒸し中華麺やかた焼きそばにかければ、家族が喜ぶ一品に。あんかけが麺にからみ、ゴロゴロ野菜が一度に楽しめます。

鶏むね肉

玉ねぎたっぷりの手作り
タルタルをかけて！

鶏むね肉の
チキン南蛮

[冷蔵 **5** 日／冷凍 **1** ヶ月]

材料（4人分）

鶏むね肉……2枚（300g×2）
片栗粉……大さじ3

A｜みりん……大さじ3
　｜酢・しょうゆ……各大さじ2
　｜砂糖……大さじ1

ゆで卵……2個
玉ねぎ……1/2個

B｜マヨネーズ……大さじ4
　｜酢……小さじ1

サラダ油……大さじ3

作り方 ⏱ 30分

【下準備】

1 鶏肉は繊維を断ち切るように、1.5cm厚さの一口大のそぎ切りにし、片栗粉を揉み込むようにまぶす。Aは混ぜ合わせておく。

2 ゆで卵、玉ねぎはみじん切りにし、ボウルに入れてBを加え、混ぜ合わせる。保存容器に入れて冷蔵庫で保存する。

【本調理】

3 フライパンにサラダ油をひき、鶏肉を広げながら入れ、蓋をする。弱火にかけ、10分ほどそのまま加熱し、軽く焼き色がついたらひっくり返し、蓋をして2〜3分加熱する。

4 全体をほぐしてから、Aを加えて混ぜ、2〜3分加熱し、煮汁がほとんどなくなったら、底からかき混ぜて煮汁をからめる。

5 器に盛り、2をかける。

オイスターソースとマヨネーズでコクたっぷりに味をつけたり、
食材の甘みをいかすシンプルな調味で、味つけのバリエーションを増やしましょう。

肉厚なパプリカの甘みが美味！
鶏むね肉とパプリカの
オイマヨ炒め
［冷蔵**5**日／冷凍**1**ヶ月］

材料（4人分）
鶏むね肉……2枚（300g×2）
パプリカ（赤・黄）……各1個
片栗粉……大さじ3
A ┃ オイスターソース・マヨネーズ
　 ┃ 　……各大さじ2
　 ┃ しょうゆ……大さじ1
　 ┃ 粗びき黒こしょう……小さじ1/2
サラダ油……小さじ2

作り方 ⏱ 20分
下準備
1 鶏肉は繊維を断ち切るように、
　1.5cm厚さの一口大のそぎ切り
　にし、片栗粉を揉み込むように
　まぶす。
2 パプリカは3〜4cm角に切る。A
　は混ぜ合わせておく。

本調理
3 フライパンにサラダ油をひき、
　鶏肉を広げながら入れ、蓋をす
　る。弱火にかけ、10分ほどその
　まま加熱し、軽く焼き色がつい
　たら全体を混ぜ合わせる。
4 弱めの中火にし、パプリカ、A
　を加えて全体を混ぜてなじませ、
　蓋をして4〜5分加熱する。
5 煮汁がほとんどなくなったら、底
　からかき混ぜて煮汁をからめる。

ごぼうは皮ごと使って、
風味豊かに仕上げて
鶏むね肉とごぼうの
ごま照り煮 ［冷蔵**5**日／冷凍**1**ヶ月］

材料（4人分）
鶏むね肉……2枚（300g×2）
ごぼう……2本
片栗粉……大さじ2
A ┃ 白炒りごま……大さじ4
　 ┃ しょうゆ……大さじ3
　 ┃ 砂糖・みりん……大さじ1と1/2
サラダ油……小さじ2

作り方 ⏱ 30分
下準備
1 鶏肉は繊維を断ち切るように、
　1.5cm厚さの一口大のそぎ切り
　にし、片栗粉を揉み込むように
　まぶす。
2 ごぼうは皮ごと7mm厚さ、3〜4
　cm長さの斜め切りにする。Aは
　混ぜ合わせておく。

本調理
3 フライパンにサラダ油をひき、
　鶏肉を広げながら入れ、蓋をす
　る。弱火にかけ、10分ほどその
　まま加熱し、軽く焼き色がつい
　たら全体を混ぜ合わせる。
4 弱めの中火にし、ごぼうを加え
　て混ぜ、蓋をして3〜4分ほど
　加熱する。
5 Aを加えて混ぜ、蓋をして4〜5
　分ほど加熱する。煮汁がほとん
　どなくなったら、底からかき混ぜ
　て煮汁をからめる。

鶏むね肉｜冷蔵作りおき

とろとろになった玉ねぎの甘みが広がる！

鶏ささみと玉ねぎのとろとろ炒め煮 ［冷凍 **3** 週間］

材料（4人分）

鶏ささみ……8本（400g）

玉ねぎ……2個

A | しょうゆ……大さじ3
　　| 片栗粉……大さじ2
　　| すりおろししょうが・酒・みりん……各大さじ1

水……100mℓ

サラダ油……小さじ2

（下ごしらえ）　⏱5分

1 鶏ささみは筋を取り除き、1.5cm幅のそぎ切りにする。玉ねぎは縦半分に切り、繊維に沿って5mm幅に切る。

（冷凍する）

2 冷凍用保存袋にA、鶏ささみを入れて軽く揉み込み、玉ねぎを加えて平らにならす。袋の空気を抜いて口を閉じ、冷凍する。

揚げるだけで簡単！子どもたちにも喜ばれる一品

鶏ささみのチーズ揚げ ［冷凍 **3** 週間］

材料（4人分）

鶏ささみ……8本（400g）

スライスチーズ……4枚

A | 片栗粉・薄力粉……各大さじ4
　　| しょうゆ・酒……各大さじ2
　　| すりおろししょうが・すりおろしにんにく……各小さじ1

サラダ油……適量

（下ごしらえ）　⏱5分

1 鶏ささみは筋を取り除き、縦に切り目を入れ、左右に切り開いて厚みを均等にする。スライスチーズは縦4等分に切る。

2 鶏ささみ1枚に、切ったスライスチーズ4枚をのせ、もう1枚の鶏ささみで挟み、爪楊枝で留める。これを4個作る。

（冷凍する）

3 冷凍用保存袋にA、2を入れて軽く揉み込んで全体になじませ、平らにならす。袋の空気を抜いて口を閉じ、冷凍する。

高たんぱくで食べ応えのある鶏ささみは、淡白なので味つけ次第でさまざまな料理が楽しめます。
さらに、漬けおき冷凍をしておけば味がしみ込み、肉もしっとり仕上がります。

高たんぱくなささみを
甘い玉ねぎと
一緒にどうぞ！

鶏ささみ｜味つけ冷凍

当日調理 ⏱35分

凍ったまま加熱

3 フライパンにサラダ油を薄くひき、凍ったままの**2**、水を入れて軽くほぐす。蓋をして弱めの中火にかけ、20分ほど加熱する。

4 蒸気が出はじめたら、ヘラで切るようにして全体を混ぜ合わせ、蓋をして10分ほど加熱する。蓋を開け、全体を混ぜ合わせながら、1〜2分炒める。

うま味たっぷりスープに変身
だし汁や水と顆粒鶏がらスープの素を加えてスープにしても。玉ねぎのうま味と甘みがじんわりおいしい。

中からチーズが
とろーり！
熱々で召し上がれ

当日調理 ⏱35分

凍ったまま加熱

4 フライパンに凍ったままの**3**を入れ、サラダ油を**3**がつかるまで加える。中火にかけ、170℃に加熱して泡が小さくなるまで8〜10分揚げ、油をきる。

5 5〜6分休ませたら、180℃に熱したサラダ油に入れ、表面がきつね色になるまで1〜2分揚げ、油をきる。

お酒に合うおつまみに
青じそをのせたり、のりを巻いて食べても。粒マスタードを添えれば、お酒との相性も◎。

鶏ささみ

たっぷりのきゅうりでさっぱりと!

鶏ささみの棒棒鶏風

材料(4人分)

鶏ささみ……8本(400g)

きゅうり……4本

酒……大さじ3

A | 鶏ささみの蒸し汁……全量
　| 酢……大さじ4
　| 白すりごま……大さじ3
　| しょうゆ……大さじ2
　| すりおろししょうが・砂糖・ごま油……各大さじ1

作り方 ⏱20分

【切る】

1 鶏ささみは筋を取る。きゅうりは4～5cm長さに切り、3～5mm幅の細切りにする。

【下味をつける】

2 フライパンに鶏ささみを並べ、酒を加える。蓋をして中火にかけ、7～8分加熱する。弱めの中火にし、ひっくり返して蓋をし、5～6分加熱する。
↓
鶏ささみは粗熱が取れたら、保存容器に蒸し汁ごと入れ、冷蔵庫で保存。

＊きゅうりは保存容器に入れ、冷蔵庫で保存。

アボカドのなめらかな舌触りにふわっと鶏ささみが◎

鶏ささみとアボカドの ガーリックしょうゆマヨ焼き

材料(4人分)

鶏ささみ……8本(400g)

アボカド……2個

A | しょうゆ・マヨネーズ……各大さじ2
　| 片栗粉……大さじ1
　| 砂糖……小さじ2
　| すりおろしにんにく……小さじ1
　| こしょう……小さじ1/4

サラダ油……小さじ2

＊こしょうは、粗びき、粉末のどちらでも可。

作り方 ⏱5分

【切る】

1 鶏ささみは筋を取り除き、3～4cm幅のそぎ切りにする。アボカドは半分に切って皮と種を取り除き、1cm幅に切る。

【下味をつける】

2 保存容器にAを混ぜ合わせ、1を入れて軽く揉む。
↓
冷蔵庫で10分～一晩(8時間)おく。

棒棒鶏風の鶏ささみは酒蒸しにして、しっとりと深みのある仕上がりに。
作りおきしておいてもふっくらと食べられるので◎。アボカドは調味料をからめて変色を防ぐ効果も。

好みでトマトやレタスを添えても！

鶏ささみ｜ちょこっと仕込み

当日調理 🕐 5分

あえる

3 鶏ささみを食べやすい大きさにほぐす。

4 ボウルにAを混ぜ合わせ、3、きゅうりを加えてほぐしながら混ぜ合わせる。

＊冷蔵4日

きゅうりを切干大根に変えて
きゅうりを切干大根に変えてもおいしい。ラー油や花椒を加えればおつまみにも。

食欲そそるガーリックしょうゆマヨの味つけが最高

当日調理 🕐 20分

蒸し焼きにする

3 フライパンにサラダ油を薄くひき、2を漬け汁ごと加えて蓋をする。弱火にかけ、10分ほど加熱する。

4 焼き色がついたら、ひっくり返して蓋をし、2〜3分蒸し焼きにする。

5 全体をほぐして2〜3分加熱し、混ぜ合わせて煮汁を全体にからめる。

＊冷蔵5日／冷凍1ヶ月

玉ねぎや好みのきのこを加えて
蒸し焼きにするときに、玉ねぎや好みのきのこを加えれば、ボリュームたっぷりの一品に。

みずみずしいズッキーニに
スパイシーなしっかり味が合う!

鶏ささみと
ズッキーニの
カレー炒め

［冷蔵**5**日／冷凍**1**ヶ月］

材料（4人分）

鶏ささみ……8本（400g）

ズッキーニ……2本

片栗粉……大さじ2

A ｜ トマトケチャップ・しょうゆ・酒
　　 ……各大さじ2
　　 カレー粉……小さじ4

サラダ油……小さじ2

作り方 🕐 20分

下準備

1 鶏ささみは筋を取り除き、3cm幅
　 のそぎ切りにして片栗粉を揉み
　 込むようにまぶす。

2 ズッキーニは1cm幅の輪切りに
　 する。

本調理

3 フライパンにサラダ油をひき、
　 鶏ささみを広げながら入れ、蓋
　 をする。弱火にかけ、9〜10分
　 そのまま加熱し、軽く焼き色が
　 ついたら、ひっくり返す。

4 2、Aを加えて全体を混ぜてなじ
　 ませ、蓋をして蒸気が出るまで2
　 〜3分加熱する。

5 煮汁がほとんどなくなったら、底
　 からかき混ぜて煮汁をからめる。

鶏ささみはかたくなりやすいので、片栗粉をまぶしてふんわり、モチモチに仕上げるのがコツ。
とろみもつくので、体の芯からあたたまるおかずに。

しょうががほんのりきいて、体の内側からじんわりあたたまる！

鶏ささみと白菜の酒蒸ししょうがスープ ［冷蔵**4**日／冷凍**1**ヶ月］

材料（4人分）
鶏ささみ……8本（400g）
白菜……1/2個（1300g）
片栗粉……大さじ2
A｜酒……200㎖
　　顆粒鶏がらスープの素
　　　……大さじ2
　　しょうゆ……小さじ4
　　すりおろししょうが……大さじ1

作り方 🕐 30分
[下準備]
1 鶏ささみは筋を取り除き、3cm幅のそぎ切りにして片栗粉を揉み込むようにまぶす。
2 白菜は芯を取り除いて、縦2等分に切り、繊維を断ち切るように1.5cm幅の細切りにする。

[本調理]
3 フライパンに、2の半量、1を広げながら入れ、A、残りの2を順に加える。
4 蓋をして強めの中火にかけ、15分ほど加熱し、蒸気が出たら中火にする。ほぐしながら全体を混ぜ合わせ、白菜全体をスープにつける。
5 蓋をして中火で9〜10分ほど蒸し煮にし、全体をよく混ぜ合わせる。

淡白な鶏ささみにしょうゆバターの香ばしさが◎

鶏ささみとしめじのガリバタじょうゆ炒め
［冷蔵**5**日／冷凍**1**ヶ月］

材料（4人分）
鶏ささみ……8本（400g）
ぶなしめじ……400g
片栗粉……大さじ2
A｜バター……30g
　　しょうゆ……大さじ3
　　砂糖・みりん……各大さじ1
　　すりおろしにんにく……小さじ1
　　粗びき黒こしょう……小さじ1/2
サラダ油……小さじ2

作り方 🕐 20分
[下準備]
1 鶏ささみは筋を取り除き、3cm幅のそぎ切りにして片栗粉を揉み込むようにまぶす。
2 ぶなしめじはほぐす。Aは混ぜ合わせておく。

[本調理]
3 フライパンにサラダ油をひき、1を広げながら入れ、蓋をする。弱火にかけ、9〜10分ほどそのまま加熱し、軽く焼き色がついたら、ひっくり返す。
4 2、Aを加えて全体を混ぜてなじませ、蓋をして、蒸気が出るまで2〜3分加熱する。
5 煮汁がほとんどなくなったら、底からかき混ぜて煮汁をからめる。

鶏ささみ｜冷蔵作りおき

鶏手羽肉

コチュジャンベースでおかずにはもちろん、おつまみにも

手羽先のコチュジャン照り焼き [冷凍**3**週間]

材料(4人分)

鶏手羽先……12本(720g)

A | コチュジャン・片栗粉……各大さじ2
　 | 砂糖・しょうゆ・酒……各大さじ1

水……100mℓ

サラダ油……大さじ1

[下ごしらえ] 🕙5分

1 手羽先は関節のへの字部分を反対方向に折る。

[冷凍する]

2 冷凍用保存袋にA、1を入れて軽く揉み込み、平らにならす。袋の空気を抜いて口を閉じ、冷凍する。

ガーリックバターのやみつき味で、骨つき肉にかぶりついて!

手羽元のガリバタじょうゆ [冷凍**3**週間]

材料(4人分)

鶏手羽元……12本(720g)

A | しょうゆ……大さじ3
　 | 片栗粉……大さじ2
　 | 砂糖・みりん……各大さじ1
　 | すりおろしにんにく……小さじ2
　 | 粗びき黒こしょう……小さじ1/2

水……100mℓ

サラダ油……大さじ1

バター……20g

[冷凍する] 🕙5分

1 冷凍用保存袋に手羽元、Aを入れて軽く揉み込み、平らにならす。袋の空気を抜いて口を閉じ、冷凍する。

うま味の強い骨つき肉は、塩、こしょうで焼くだけでも十分においしいですが、
しっかり味をしみ込ませた味つけ冷凍なら、ごはんもビールもすすみます。

照り焼き味に
コチュジャンを
プラス！

鶏手羽肉｜味つけ冷凍

当日調理 🕐35分

凍ったまま加熱

3 フライパンにサラダ油を薄くひき、凍ったままの2、水を入れ、蓋をして弱めの中火にかけ、20分ほど加熱する。

4 蒸気が出はじめたら、ひっくり返し、蓋をして10分ほど加熱する。蓋を開け、全体を混ぜ合わせながら、1〜2分炒める。

〜〜〜〜〜〜〜〜〜〜〜〜〜〜〜
チゲ鍋や韓国風スープの具材に
チゲ鍋や韓国風スープに加えれば、コクもプラスされ、食べ応えのある料理に。

たっぷりの
粗びき黒こしょうで
パンチをきかせて！

当日調理 🕐35分

凍ったまま加熱

2 フライパンにサラダ油を薄くひき、凍ったままの1、水を入れ、蓋をして弱めの中火にかけ、20分ほど加熱する。

3 蒸気が出はじめたら、ひっくり返し、蓋をして10分ほど加熱する。蓋を開け、バターを加え、全体を混ぜ合わせながら、1〜2分炒める。

〜〜〜〜〜〜〜〜〜〜〜〜〜〜〜
カレーや鍋料理の具材に
味がしっかりついているから、カレーや鍋料理の具材として使うと、だしとコクが出ておいしく仕上がります。

手羽先の定番、甘辛味でシンプルに！

手羽先と彩り野菜の甘辛ごま照り焼き

材料(4人分)

鶏手羽先……12本(720g)

パプリカ(赤)……1個

さやいんげん……8本

A｜白炒りごま……大さじ4
　｜しょうゆ……大さじ3
　｜片栗粉……大さじ2
　｜砂糖……小さじ4
　｜みりん……大さじ1
　｜すりおろしにんにく・
　｜こしょう……各小さじ1

サラダ油……大さじ1

＊こしょうは、粗びき、粉末のどちらでも可。

作り方 🕐5分

【切る】

1 手羽先は関節のへの字部分を反対方向に折る。

2 パプリカは縦8等分に切る。さやいんげんは3等分の長さに切る。

【下味をつける】

3 保存容器にAを混ぜ合わせ、手羽先を入れて軽く揉む。
　↓
手羽先は冷蔵庫で10分～一晩(8時間)おく。

＊野菜は保存容器に入れ、冷蔵庫で保存。

食欲を刺激するスパイシーな味わい

タンドリーチキン

材料(4人分)

鶏手羽元……12本(720g)

A｜ヨーグルト(無糖)……90g
　｜カレー粉・サラダ油
　｜　　　　……各大さじ2
　｜レモン汁……大さじ1
　｜すりおろしにんにく
　｜　　　　……小さじ2
　｜すりおろししょうが・塩
　｜　　　　……各小さじ1
　｜こしょう……小さじ1/2

サラダ油……大さじ1

パクチー……1束

＊こしょうは、粗びき、粉末のどちらでも可。

作り方 🕐5分

【下味をつける】

1 保存容器にAを混ぜ合わせ、手羽元を入れて軽く揉む。

手羽元は冷蔵庫で10分～一晩(8時間)おく。

＊パクチーは保存容器に入れ、冷蔵庫で保存。

食べ応えのある部位は、がっつり食べられるよう、ごはんがすすむ味つけに。
漬け込むことで、さらにしっとりやわらかく仕上げます。

野菜の彩りが
よいので、
お弁当のおかずにも

当日調理 ⏱15分

蒸し焼きにする

4 フライパンにサラダ油を薄くひき、手羽先の汁けを軽くきって入れ（漬け汁は取っておく）、蓋をする。弱めの中火にかけ、7〜8分加熱する。

5 焼き色がついたら、ひっくり返して野菜、残りの漬け汁を加え、蓋をして5〜6分蒸し焼きにする。

6 蓋を開け、1〜2分沸騰させ、混ぜ合わせて煮汁を全体にからめる。
＊冷蔵5日／冷凍1ヶ月

チーズを加えて焼いて
溶けるチーズを加えてオーブンで焼けば、子どもも喜ぶ一品に。

パクチーをのせて
一気に小洒落た
一品に！

当日調理 ⏱20分

蒸し焼きにする

2 フライパンにサラダ油を薄くひき、手羽元を漬け汁ごと加えて強めの中火で7〜8分加熱する。

3 焼き色がついたら、ひっくり返して蓋をし、弱火にして5〜6分蒸し焼きにする。

4 蓋を開け、強めの中火にして1〜2分沸騰させ、混ぜ合わせて煮汁を全体にからめる（冷蔵5日／冷凍1ヶ月）。

5 器に盛り、パクチーをのせる。

サンドイッチの具材に
ほぐした肉を、レタスや卵と一緒にパンに挟んでサンドイッチに。カレー風味で普段と違うサンドイッチが楽しめます。

鶏手羽肉

手羽先のコラーゲンがとろけて絶品！

手羽先と大根の甘辛煮

[冷蔵 **4** 日／冷凍 **1** ヶ月]

材料（4人分）
鶏手羽先……12本（720g）
大根……1/2本
片栗粉……大さじ2
A｜ しょうゆ……大さじ3
　｜ すりおろししょうが・みりん
　｜　……各大さじ1
　｜ 酢……小さじ1
B｜ 水……400mℓ
　｜ 砂糖……小さじ4
サラダ油……小さじ2

作り方 🕐 25分

[下準備]

1 手羽先は関節のへの字部分を
　反対方向に折り、片栗粉を揉み
　込むようにまぶす。

2 大根は厚めに皮をむき、3〜4cm
　幅の半月切りにする。**A**は混ぜ
　合わせておく。

[本調理]

3 フライパンにサラダ油を薄くひ
　き、**1**の皮目を下にして入れ、中
　火で7〜8分加熱する。

4 焼き色がついたら、ひっくり返
　し、大根、**B**を加えて全体を混
　ぜてなじませ、蓋をして8〜9分
　加熱する。

5 大根に火が通ったら**A**を加え
　て蓋をして、4〜5分加熱する。
　煮汁にとろみが少しついたら
　底からかき混ぜて煮汁をから
　める。

＊味をなじませたいときは、粗熱が取れ
るまで冷ます。

冷めてもほろほろで、やわらかい食感を保てる鶏手羽肉は作りおきにぴったりな食材。
下ごしらえも不要なので、時短も叶います。

手羽元とトマトのガッツリとした食べ応え！

手羽元のトマト煮

[冷蔵 **4** 日／冷凍 **1** ヶ月]

材料（4人分）

鶏手羽元……12本（720g）

A | 塩……小さじ1
　　粗びき黒こしょう……小さじ1/4

B | カットトマト缶……1缶（400g）
　　すりおろしにんにく・砂糖
　　　……各小さじ1
　　オレガノ（乾燥／あれば）
　　　……小さじ1/2

作り方 🕐 25分

［下準備］

1 ボウルに手羽元、**A**を入れて揉み込む。

［本調理］

2 鍋に**B**、**1**を入れ、全体を混ぜ合わせて蓋をし、中火にかける。

3 沸騰したら弱めの中火にし、底から全体をかき混ぜて蓋をして、20分ほど加熱する。

4 蓋を開け、全体を混ぜ合わせて煮汁をからめる。

～～～～～～～～
**キャベツやきのこで
ボリュームアップ**
野菜を一緒にとるならキャベツをプラスして煮込んでも。しめじ、まいたけを入れればうま味がアップするうえ、食物繊維もとれて栄養＆ボリューム満点。

やさしい酸味が疲れた体にしみ渡る

手羽元の甘酢煮

[冷蔵 **4** 日／冷凍 **1** ヶ月]

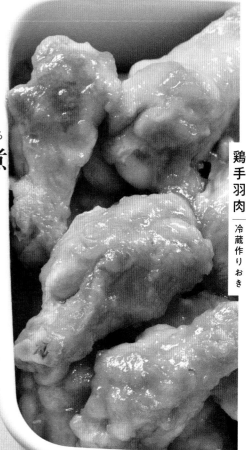

材料（4人分）

鶏手羽元……12本（720g）
片栗粉……大さじ2

A | だし汁……100㎖
　　みりん……大さじ3
　　酢・しょうゆ……各大さじ2
　　砂糖……大さじ1
サラダ油……小さじ2

＊だし汁は、水100㎖＋顆粒和風だしの素小さじ1/4で代用可。

作り方 🕐 20分

［下準備］

1 手羽元に片栗粉を揉み込むようにまぶす。

［本調理］

2 フライパンにサラダ油を薄くひき、**1**を入れて弱めの中火にかける。7〜8分ほどそのまま加熱し、焼き色がついたらひっくり返す。

3 **A**を加えて混ぜ合わせ、蓋をする。沸騰したら全体を混ぜ合わせ、蓋をして10分ほど加熱する。

鶏手羽肉｜冷蔵作りおき

豚こま切れ肉

たっぷりのキャベツをペロッと食べられる！

豚こまとキャベツの
しょうが炒め ［冷凍 **3** 週間］

材料（4人分）

豚こま切れ肉……300g

キャベツ……1/2個

A│しょうゆ・片栗粉
　│……各大さじ3
　│すりおろししょうが・
　│砂糖・みりん
　│……各大さじ1

水……100mℓ

サラダ油……小さじ2

［下ごしらえ］ ⏱5分

1 キャベツは一口大のざく切りにする。

［冷凍する］

2 冷凍用保存袋にA、豚肉を入れて軽く揉み込み、1を加えて平らにならす。袋の空気を抜いて口を閉じ、冷凍する。

コク深いみそ味で、ごはんが止まらない！

豚こまとなすのみそ炒め
［冷凍 **3** 週間］

材料（4人分）

豚こま切れ肉……300g

なす……4〜5本

A│片栗粉……大さじ3
　│酒・みりん・みそ
　│……各大さじ2
　│砂糖・しょうゆ
　│……各大さじ1

水……100mℓ

サラダ油……大さじ2

［下ごしらえ］ ⏱5分

1 なすはひと口大の乱切りにする。

［冷凍する］

2 冷凍用保存袋にA、豚肉、1を入れて軽く揉み込み、平らにならす。袋の空気を抜いて口を閉じ、冷凍する。

リーズナブルに手に入れられる豚こま切れ肉は、家計の味方。キャベツやなすと合わせて
ボリュームたっぷりのメインおかずや、お弁当のおかずにも。

アクセントのしょうがに、香ばしいしょうゆ味のボリュームおかず

豚こま切れ肉 ｜ 味つけ冷凍

当日調理 ◐ 35分

凍ったまま加熱

3 フライパンにサラダ油を薄くひき、凍ったままの2、水を入れ、蓋をして弱めの中火にかけ、20分ほど加熱する。

4 蒸気が出はじめたら、ヘラで切るようにして全体を混ぜ合わせ、蓋をして10分ほど加熱する。蓋を開け、全体を混ぜ合わせながら、1〜2分炒める。

とんぺい焼き風に
できあがりを卵でとじて好みでソースやマヨネーズを添えれば、子どもも大人も大好きなとんぺい焼き風に。

とろとろのなすに甘辛みそがからんで絶品！

当日調理 ◐ 35分

凍ったまま加熱

3 フライパンにサラダ油を薄くひき、凍ったままの2、水を入れ、蓋をして弱めの中火にかけ、20分ほど加熱する。

4 蒸気が出はじめたら、ヘラで切るようにして全体を混ぜ合わせ、蓋をして10分ほど加熱する。蓋を開け、全体を混ぜ合わせながら、1〜2分炒める。

チーズを加えて焼いて
溶けるチーズを加えてオーブンで焼けば、こってりおかずに。小口切りにした青ねぎを散らせば彩りアップ。

豚こま切れ肉

ごまのコクで満足感アップ！ 酸味にやさしい甘さが◎

豚こまと彩り野菜の甘酢ごまダレ

材料（4人分）

豚こま切れ肉……300g

パプリカ（赤・黄）……各1/2個

ピーマン……2個

玉ねぎ……1/2個

A｜白炒りごま……大さじ4

　｜みりん・片栗粉……各大さじ3

　｜酢・しょうゆ……各大さじ2

　｜砂糖……大さじ1

サラダ油……小さじ2

作り方 🕐 5分

【切る】

1 パプリカ、ピーマンは種ごと2〜3cm角に切る。玉ねぎは2〜3cm角に切る。

【下味をつける】

2 保存容器にAを混ぜ合わせ、豚肉を入れて軽く揉む。
↓
豚肉は冷蔵庫で10分〜一晩（8時間）おく。

＊野菜は保存容器に入れ、冷蔵庫で保存。

濃いめの味つけで、ごはんを頬張りたくなる一品

豚こまの焼き肉風

材料（4人分）

豚こま切れ肉……400g

A｜片栗粉……大さじ4

　｜白炒りごま・しょうゆ・酒・オイスターソース……各大さじ2

　｜すりおろししょうが・すりおろしにんにく……各小さじ1

サラダ油……小さじ2

サニーレタス……1/2個

作り方 🕐 5分

【下味をつける】

1 サニーレタスは食べやすい大きさにちぎる。

【下味をつける】

2 保存容器にAを混ぜ合わせ、豚肉を入れて軽く揉む。
↓
豚肉は冷蔵庫で10分〜一晩（8時間）おく。

＊サニーレタスは保存容器に入れ、冷蔵庫で保存。

豚肉に下味を揉み込んでおいて、食べるときに炒めるだけでメインの完成！
忙しいときもできたてが食べられる、平日のお助けレシピです。

食欲そそる
甘酸っぱい味つけが
野菜ともよく合う

当日調理 ⏱15分
蒸し焼きにする

3 フライパンにサラダ油を薄くひき、玉ねぎ、豚肉
　の汁けを軽くきって入れ（漬け汁は取っておく）、弱
　めの中火で7〜8分加熱する。

4 焼き色がついたら、全体をほぐすようにひっくり
　返し、パプリカ、ピーマンを加えて混ぜる。残り
　の漬け汁を加えて全体になじませ、蓋をして5〜
　6分加熱する。

5 蓋を開け、1〜2分沸騰させ、混ぜ合わせて煮
　汁を全体にからめる。
＊冷蔵5日／冷凍1ヶ月

旬の野菜に変えて
パプリカ、ピーマン、玉ねぎを旬の野菜に変えてアレンジす
れば、一年中おいしくいただけます。

豚こま切れ肉｜ちょこっと仕込み

レタスやサンチュなどの
葉野菜を添えて、
包みながら召し上がれ

当日調理 ⏱10分
蒸し焼きにする

3 フライパンにサラダ油を薄くひき、豚肉の
　汁けを軽くきって入れ（漬け汁は取っておく）、
　蓋をする。弱めの中火にかけ、7〜8分加
　熱する。

4 焼き色がついたら全体をほぐすようにひっ
　くり返し、残りの漬け汁を加える。2〜3分
　加熱しながら、混ぜ合わせて煮汁を全体
　にからめる（冷蔵5日／冷凍1ヶ月）。

5 器に盛り、水けをきったサニーレタスを添
　える。

サンチュで巻いて
こしょうや一味唐辛子をきかせれば、一気に大人味に。
好みに合わせて調節しながら少しずつ加えるのが◎。

豚こま切れ肉

薄く切った野菜に甘酢ダレが
たっぷりからんでおいしい！

豚こまの 南蛮漬け［冷蔵 **5**日］

材料（4人分）

豚こま切れ肉……400g

玉ねぎ……1個

にんじん……1/2本

片栗粉……大さじ4

A｜だし汁……100㎖

　　酢・しょうゆ……各大さじ4

　　砂糖……大さじ3

　　(好みで)輪切り唐辛子
　　　……小さじ1

サラダ油……大さじ2

＊だし汁は、水100㎖＋顆粒和風だし
の素小さじ1/4で代用可。

作り方 🕐20分

[下準備]

1 豚肉に片栗粉を揉み込むように
　まぶす。

2 玉ねぎは半分に切ってスライサー
　で薄切りに、にんじんはスライ
　サーで皮ごとせん切りにし、大
　きめのボウルに入れる。Aを加
　えてよく混ぜ合わせてなじませ、
　野菜全体を調味料につける。

[本調理]

3 フライパンにサラダ油をひき、1
　をほぐしながら入れて弱めの中
　火にかけ、7〜8分加熱する。

4 焼き色がついたら、全体をほぐ
　すようにひっくり返し、全体に火
　が通るまで2〜3分加熱する。

5 4の豚肉の油を軽くきって2に
　加え、ざっくり混ぜ合わせる。

＊口あたりをよくしたいときは、冷蔵庫
で2時間以上冷やす。

豚肉には、疲労回復に欠かせないビタミンB1が豊富。忙しい日はあたためるだけの作りおきで栄養をチャージ。
豚こま切れ肉は安いときに買っておいて、まとめて作りおきするのがおすすめです。

お酒を入れているから、深みのある味わいに

豚こまと白菜のとろとろ煮

[冷蔵**5**日／冷凍**1**ヶ月]

材料（4人分）

豚こま切れ肉……400g

白菜……1/2個（1300g）

A｜酒……100mℓ
　｜しょうゆ……大さじ3
　｜すりおろししょうが……大さじ1
　｜顆粒和風だしの素……小さじ2

B｜片栗粉・水……各大さじ3

作り方 🕐 30分

[下準備]

1 白菜は芯を取り除いて縦2等分に切り、繊維を断ち切るように2～3cm幅に切る。Bは混ぜ合わせておく。

[本調理]

2 鍋に、**1**の半量、豚肉を広げながら入れ、A、残りの白菜を加えて蓋をする。

3 強めの中火にかけ、15分ほど加熱し、蒸気が出たら中火にする。蓋を開け、豚肉をほぐしながら全体を混ぜ合わせ、白菜全体を煮汁につける。

4 蓋をして6～7分蒸し煮にし、弱火にしてBを加える。全体を混ぜ合わせながら3分ほど加熱する。

春雨を加えてボリュームアップ
ゆでた春雨を最後に加えてボリュームアップしても。蒸し煮にするから、春雨がスープのうま味を吸っておいしくなります。

ごはんのお供にぴったり。
しょうがのパンチがクセになる

豚こまの
しぐれ煮

[冷蔵**5**日／冷凍**1**ヶ月]

材料（4人分）

豚こま切れ肉……400g

しょうが……100g

A｜水……100mℓ
　｜しょうゆ・酒……各大さじ3
　｜砂糖……小さじ4
　｜みりん……大さじ1

作り方 🕐 15分

[下準備]

1 しょうがは皮ごとせん切りにする。

[本調理]

2 フライパンにA、豚肉、**1**を入れ、よく混ぜ合わせて蓋をする。

3 強めの中火にかけ、7～8分加熱して蒸気が出たら、中火にし、4～5分ほど加熱する。

4 蓋を開け、ヘラで切るようにして全体を混ぜ合わせ、1～2分ほど加熱する。

豚こま切れ肉｜冷蔵作りおき

豚かたまり肉

短時間で作れるポイントは冷凍をすること!

お手軽豚の角煮 [冷凍 **3** 週間]

材料(4人分)

豚バラかたまり肉
　……800g

しょうが……1かけ

A｜しょうゆ……大さじ4
　｜砂糖……大さじ3

B｜水……1200mℓ
　｜酒……100mℓ

（下ごしらえ）⏱5分

1 豚肉は5cm角に切る。しょうがは皮ごと2〜3mm幅に切る。

（冷凍する）

2 鍋に豚肉、かぶるくらいの水(分量外)を入れて火にかける。沸騰してアクが出たらざるにあげ、流水で表面を洗い、水けを拭き取る。

3 冷凍用保存袋にA、しょうが、2の豚肉を入れて軽く揉み込む。袋の空気を抜いて口を閉じ、冷凍する。

たこ糸や圧力鍋、長時間煮込みも不要!

焼き豚 [冷凍 **3** 週間]

材料(4人分)

豚肩ロースかたまり肉
　……500g

しょうが……1かけ

A｜しょうゆ……大さじ3
　｜砂糖・みりん
　｜……各大さじ1

B｜水……400mℓ
　｜酒……100mℓ

（下ごしらえ）⏱5分

1 しょうがは皮ごと2〜3mm幅に切る。

（冷凍する）

2 冷凍用保存袋にA、豚肉、1を入れて軽く揉み込む。袋の空気を抜いて口を閉じ、冷凍する。

豚かたまり肉は扱いづらい…なんて敬遠している方も多いのでは？
冷凍することで、時短でやわらかく、脂身の濃厚さで、食べ応えのあるおかずに。

とろんとした脂身が
たまらぬおいしさ！

当日調理 ⏱60分

凍ったまま加熱

4 鍋に凍ったままの**3**、**B**を入れ、蓋をして中
火にかける。沸騰したら弱めの中火にし、
1時間ほど加熱する。

混ぜごはんの具材に
細かく切って混ぜごはんやおにぎりの具材として使っ
ても。煮汁は味玉の漬け汁に。

白髪ねぎや
からしを添えて
おつまみにも◎

当日調理 ⏱50分

凍ったまま加熱

3 鍋に凍ったままの**2**、**B**を入れ、蓋をして中
火にかける。沸騰したら弱めの中火にし、
20分ほど加熱してひっくり返し、蓋をして
加熱する。

4 煮汁がほとんどなくなったら火を止める。
粗熱が取れるまで冷まし、5mm厚さに切る。

炒飯の具材に
細かく切って炒飯や、野菜炒めの具材として使っても。
大きなかたまり肉でも、一度作っておけばさまざまなア
レンジで楽しめます。

豚かたまり肉｜味つけ冷凍

豚かたまり肉

豚肉の歯応えとじゃがいもで、ボリューム感大のおかず

豚肉の塩麹漬けと
じゃがいものグリル

材料（4人分）

豚肩ロースかたまり肉
……600g

じゃがいも……4個

A　塩麹……大さじ5

　　すりおろししょうが・
　　砂糖……各大さじ1

　　すりおろしにんにく
　　……小さじ2

酒……150ml

サラダ油……小さじ2

クレソン……50g

作り方 ⏱ 5分

[切る]

1 じゃがいもは4等分に切る。

[下味をつける]

2 保存容器にAを混ぜ合わせ、豚肉を入れて軽く揉む。
　↓
　豚肉は冷蔵庫で10分〜一晩（8時間）おく。

＊じゃがいもは保存容器に入れ、かぶるくらいの水（分量外）を加えて冷蔵庫で保存。

＊クレソンは保存容器に入れ、冷蔵庫で保存。

豚肉の脂身に、たっぷりのねぎ塩がたまらない！

豚バラ肉のねぎ塩ダレ

材料（4人分）

豚バラかたまり肉
……500g

長ねぎ……2本

A　酒……50ml

　　すりおろししょうが・
　　すりおろしにんにく
　　……各小さじ1

　　塩……小さじ1/2

B　ごま油……大さじ2

　　顆粒鶏がらスープの
　　素……小さじ1

　　塩……小さじ1/2

　　こしょう……小さじ1/4

サラダ油……小さじ2

＊こしょうは、粗びき、粉末のどちらでも可。

作り方 ⏱ 5分

[切る]

1 豚肉は1cm幅に切る。

2 長ねぎはみじん切りにする。

[下味をつける]

3 保存容器にAを混ぜ合わせ、1を入れて軽く揉む。別の保存容器に2、Bを入れて混ぜ合わせる（ねぎ塩ダレ）。
　↓
　豚肉は冷蔵庫で10分〜一晩（8時間）おく。

＊ねぎ塩ダレは冷蔵庫で保存。

豚ロース肉はかたくならないよう、塩麹やしょうがを使った漬け汁に漬けましょう。
加熱前に漬け込んで、やわらかく仕上げます。

塩麹を合わせて
深みのある
味わいに!

豚かたまり肉｜ちょこっと仕込み

当日調理 ⏱40分
蒸し焼きにする

3 フライパンにサラダ油を薄くひき、豚肉の汁けを
  軽くきって並べ入れる（漬け汁は取っておく）。

4 じゃがいもは水けをきり、残りの漬け汁に入れて
  軽く揉み込み、漬け汁ごと豚肉の周りに加える。
  蓋をして中火にかけ、10分ほど加熱する。

5 軽く焼き色がついたら、豚肉、じゃがいもをひっく
  り返して酒を加え、蓋をして弱火にし、15分ほど
  加熱する。

6 豚肉をひっくり返し、蓋をしてさらに10分ほど蒸
  し焼きにする。

7 粗熱が取れるまで冷まし、豚肉を1cm厚さに切る。
  器に盛り、クレソンを添える。好みで煮汁をかけて
  いただく。

＊冷蔵5日／冷凍1ヶ月

柑橘の皮を漬け汁に加えて
せん切りにしたゆずやレモンの皮を漬け汁に加えると、風味
豊かな大人の味に。

さっぱりと
食べたいときは
レモン汁をかけても!

当日調理 ⏱15分
蒸し焼きにする

4 フライパンにサラダ油を薄くひき、豚肉の
  汁けを軽くきって入れ（漬け汁は取っておく）、
  蓋をする。中火にかけ、5〜6分加熱する。

5 焼き色がついたら、ひっくり返して残りの
  漬け汁を加え、蓋をして5〜6分蒸し焼きに
  する。

6 器に盛り、煮汁全量を加えたねぎ塩ダレを
  かける。

＊冷蔵3日／冷凍1ヶ月

アスパラガスやきのこを加えて
アスパラガスやきのこを加えて蒸し焼きにし、ねぎ塩
ダレをかけて。一品で野菜たっぷりのおかずに。

トマトのコクと、しっかりと煮込まれた
かたまり肉の相性抜群！

豚肉と野菜の
トマト煮

[冷蔵 **5** 日／冷凍 **1** ヶ月]

材料（4人分）

豚肩ロースかたまり肉……600g

玉ねぎ……2個

にんにく……2かけ

A｜水……400mℓ
　｜カットトマト缶……1缶（400g）
　｜トマトケチャップ……大さじ2
　｜砂糖……小さじ1

作り方 🕐 30分

[下準備]

1 豚肉は5〜6cm角に切る。

2 玉ねぎは縦半分に切り、繊維に
　沿って7〜8mm幅に切る。にんに
　くは薄切りにする。

[本調理]

3 鍋に1、2、Aを入れ、蓋をして
　中火にかける。沸騰したら弱め
　の中火にし、20分ほど加熱する。

〜〜〜〜〜〜〜〜〜〜〜〜〜〜〜〜
豆を加えてボリュームアップ
ひよこ豆や大豆など、好みの豆を加え
てボリュームアップすれば、さらに食べ
応えのある一品に。

食べ応え抜群の豚かたまり肉は、ごちそうメニューにぴったり。
迫力のある見た目が食卓を彩ります。

玉ねぎとキャベツの甘みが溶け込んで、うま味たっぷり

豚肉と野菜のポトフ

[冷蔵**4**日／冷凍**1**ヶ月]

材料（4人分）

豚肩ロースかたまり肉……600g

玉ねぎ……1個

にんじん……1本

キャベツ……1/4個

にんにく……1かけ

A｜水……800mℓ
　｜顆粒コンソメスープの素
　｜　　……小さじ4
　｜塩……小さじ1/2

作り方 🕐 30分

[下準備]

1 豚肉は5〜6cm角に切る。

2 玉ねぎは縦半分に切り、縦4等分に切る。にんじんは一口大の乱切りにする。キャベツは4等分のくし形切りにする。にんにくは薄切りにする。

[本調理]

3 フライパンに**1**、**2**、**A**を入れ、蓋をする。

4 中火にかけ、沸騰したら弱めの中火にし、20分ほど加熱する。

〜〜〜〜〜〜〜
ルウを加えて
カレーやシチューに
カレー粉を加えてカレー風味に。たくさん作って余ってしまったときは味変アレンジを試してみて。

野菜は素材の味をいかして、
豚肉の噛み応えで大満足

豚バラ肉の
野菜蒸し

[冷蔵**5**日／冷凍**1**ヶ月]

材料（4人分）

豚バラかたまり肉……500g

小松菜……1束

まいたけ……1パック

パプリカ（赤）……1個

A｜酒……100mℓ
　｜塩……小さじ1

作り方 🕐 30分

[下準備]

1 豚肉は1cm幅に切る。

2 小松菜は5〜6cm幅に切る。まいたけはほぐす。パプリカは1cm幅の細切りにする。

[本調理]

3 フライパンに**1**、**2**、**A**を入れて混ぜ、なじませて蓋をする。

4 中火にかけ、沸騰したら弱火にし、20分ほど加熱する。

〜〜〜〜〜〜〜
ごまダレをかけて
食べるときにごまダレをかければ、濃厚な味わいに。食べ応えのある豚肉と野菜によくからめて。

豚かたまり肉｜冷蔵作りおき

食物繊維たっぷりのごぼうがおいしい！

豚バラ肉とごぼうの甘辛炒め煮 [冷凍 1ヶ月]

材料（4人分）

豚バラ薄切り肉……300g
ごぼう……2本
A｜しょうゆ・片栗粉……各大さじ3
　｜砂糖……小さじ4
　｜みりん……大さじ1
水……100mℓ
サラダ油……小さじ2

下ごしらえ 🕐 5分

1 豚肉は4〜5cm長さに切る。ごぼうは皮ごと5mm厚さ、3〜4cm長さの斜め切りにする。

冷凍する

2 冷凍用保存袋にA、豚肉を入れて軽く揉み込み、ごぼうを加えて平らにならす。袋の空気を抜いて口を閉じ、冷凍する。

ゴロゴロと入ったしょうがが斬新！

豚のしょうが焼き [冷凍 1ヶ月]

材料（4人分）

豚バラ薄切り肉……400g
しょうが……200g
A｜しょうゆ……大さじ3
　｜片栗粉……大さじ2
　｜砂糖……小さじ4
　｜みりん……大さじ1
水……100mℓ
サラダ油……小さじ2

下ごしらえ 🕐 5分

1 豚肉は4〜5cm長さに切る。

2 しょうがは皮ごと1〜2mm幅の薄切りにし、たっぷりの水（分量外）につけて洗い、ざるにあげて水けをきる。

冷凍する

3 冷凍用保存袋にA、1を入れて軽く揉み込み、2を加えて平らにならす。袋の空気を抜いて口を閉じ、冷凍する。

豚バラ肉は、やわらかくてコクがあり、火がさっと通るので時短にもおすすめの食材。
ごぼうやしょうがで歯応えをプラスして、おかずとしての存在感もバッチリです。

ごぼうは斜め切りで歯応えをアップ！

豚バラ肉｜味つけ冷凍

当日調理 ⏱35分

凍ったまま加熱

3 フライパンにサラダ油を薄くひき、凍ったままの**2**、水を入れて軽くほぐす。蓋をして弱めの中火にかけ、20分ほど加熱する。

4 蒸気が出はじめたら、ヘラで切るようにして全体を混ぜ合わせ、蓋をして10分ほど加熱する。蓋を開け、全体を混ぜ合わせながら、1～2分炒める。

炊き込みごはんの具材に
豚バラ肉とごぼうは細かく刻んで炊き込みごはんの具材にしても。甘辛いタレがごはんと混ざり、やみつきになる味。

豚肉の甘みにしょうがの辛味がマッチ！

当日調理 ⏱35分

凍ったまま加熱

4 フライパンにサラダ油を薄くひき、凍ったままの**3**、水を入れて軽くほぐす。蓋をして弱めの中火にかけ、20分ほど加熱する。

5 蒸気が出はじめたら、ヘラで切るようにして全体を混ぜ合わせ、蓋をして10分ほど加熱する。蓋を開け、全体を混ぜ合わせながら、1～2分炒める。

和風パスタに
ゆでたパスタと水菜と一緒にあえれば、しょうがの辛味がおいしい大人向けの和風パスタに。

豚バラ肉

タレを肉にからめておくだけで、しっかり味のおかずに

豚バラ肉とピーマンの回鍋肉（ホイコーロー）

材料（4人分）

豚バラ薄切り肉……300g
ピーマン……8〜10個
長ねぎ……1本
A｜片栗粉……各大さじ3
　｜甜麺醬・酒
　｜　……大さじ2
　｜豆板醬・しょうゆ
　｜　……各小さじ2
　｜すりおろしにんにく
　｜　……小さじ1
サラダ油……大さじ2

作り方 🕐 5分

切る

1 豚肉は4〜5cm長さに切る。

2 ピーマンは4〜5cm幅の乱切りにし、長ねぎは4〜5cm長さの斜め切りにする。

下味をつける

3 保存容器にAを混ぜ合わせ、1を入れて軽く揉む。
↓
豚肉は冷蔵庫で10分〜一晩（8時間）おく。

＊野菜は保存容器に入れ、冷蔵庫で保存。

ごまのプチプチした歯触りがいいアクセントに

豚バラ肉のごま照り焼き

材料（4人分）

豚バラ薄切り肉……400g
A｜しょうゆ……大さじ3
　｜白炒りごま
　｜　……大さじ2
　｜砂糖・片栗粉
　｜　……各小さじ4
　｜みりん……大さじ1
　｜酢……小さじ1
サラダ油……小さじ2
キャベツ……1/4個
ミニトマト……8個

作り方 🕐 5分

切る

1 豚肉は4〜5cm長さに切る。

2 キャベツはせん切りにする。

下味をつける

3 保存容器にAを混ぜ合わせ、豚肉を入れて軽く揉む。
↓
豚肉は冷蔵庫で10分〜一晩（8時間）おく。

＊野菜は保存容器に入れ、冷蔵庫で保存。

回鍋肉は、タレは肉に揉み込んで、たっぷりのピーマンと長ねぎを一緒に焼いてからめるだけ！
ごま照り焼きは添える野菜も下ごしらえをしておけば、焼いて盛るだけでメイン料理に。

たっぷりからんだ
タレと一緒に
ごはんにのせても！

当日調理 🕐15分
蒸し焼きにする

4 フライパンにサラダ油を薄くひき、豚肉を漬け汁ごと加える。弱めの中火にかけ、7～8分加熱する。

5 焼き色がついたら、全体をほぐすようにひっくり返し、**2**を加えて混ぜ、蓋をして5～6分加熱する。

6 蓋を開け、1～2分沸騰させ、全体を混ぜて煮汁をからめる。

＊冷蔵5日／冷凍3週間

焼きそばや焼きうどんの具材に
蒸し中華麺やゆでたうどんと一緒に炒めて焼きそばや、焼きうどんにしても。タレが濃厚なので、麺との相性抜群。

甘辛味の豚肉と
せん切りキャベツが
よく合う！

当日調理 🕐10分
焼く

4 フライパンにサラダ油を薄くひき、豚肉を漬け汁ごと加える。弱めの中火にかけ、7～8分加熱する。

5 焼き色がついたら、全体をほぐすようにひっくり返して3～4分加熱し、全体を混ぜて煮汁をからめる（冷蔵5日／冷凍1ヶ月）。

6 器に盛り、冷水に1分ほどさらして水けをきったキャベツ、ミニトマトを添える。

サンドイッチに
レタスやトマト、炒り卵と一緒にパンに挟んでボリューム満点のサンドイッチに。忙しい朝に助かる、子どもも喜ぶ一品に。

豚肉の脂とかぼちゃのホクホク感で
大満足の一品に!

豚バラ肉と
かぼちゃの
スタミナ炒め

[冷蔵 **5**日 ／ 冷凍 **1**ヶ月]

材料(4人分)

豚バラ薄切り肉……300g

かぼちゃ……1/2個(正味600〜800g)

片栗粉……大さじ3

A | しょうゆ……大さじ3
みりん……大さじ1
すりおろしにんにく……小さじ1

サラダ油……小さじ2

作り方 🕐 20分

[下準備]

1 豚肉は4〜5cm長さに切り、片栗粉を揉み込むようにまぶす。

2 かぼちゃは種とワタを取り除き、皮ごと7mm厚さ、4cm長さに切る。**A**は混ぜ合わせておく。

[本調理]

3 フライパンにサラダ油を薄くひき、**1**をほぐしながら入れて弱めの中火にかけ、7〜8分加熱する。

4 焼き色がついたら、全体をほぐすようにひっくり返し、**2**のかぼちゃを加えて混ぜ合わせ、蓋をして7〜8分加熱する。

5 かぼちゃに火が通ったら底からかき混ぜて**A**を加え、全体を混ぜて1分ほど加熱する。

やわらかい豚バラ肉には、かぼちゃや大根などボリューム感のある野菜と合わせたり、
えのきだけのように食感のあるものと合わせると◎。どれもお弁当のおかずにもおすすめです。

見た目のインパクト大！えのきのうま味がジュワッとしみ出す！

豚バラ肉のえのき巻き

［冷蔵**5**日／冷凍**1**ヶ月］

材料（4人分）

豚バラ薄切り肉……12枚（300g）

えのきだけ……200g

片栗粉……大さじ3

A｜しょうゆ……大さじ3

　｜砂糖……小さじ4

　｜みりん……大さじ1

　｜酢……小さじ1

サラダ油……小さじ2

作り方 🕐 20分

［下準備］

1 えのきだけは根元を切ってほぐ
し、4等分の長さに切る。Aは
混ぜ合わせておく。

2 豚肉3枚の上に4等分にしたえ
のきだけをのせ、端からくるくる
と巻く。これを4個作り、すべて
に片栗粉をまぶす。

［本調理］

3 フライパンにサラダ油をひき、
豚肉の巻き終わりを下にして入
れ、中火にかける。ときどき転が
しながら、5〜6分全体に焼き色
がつくまで焼き、蓋をして弱め
の中火にし、3〜4分蒸し焼きに
する。

4 ペーパータオルでフライパンの
余分な油を拭き取り、Aを加えて
1〜2分加熱し、煮汁をからめる。

～～～～～～～～～
溶けるチーズを加えて巻いて
えのきと一緒に溶けるチーズを豚肉で
巻けば、子どもも喜ぶお弁当のメインお
かずに。

大根は薄めに切って時短に。
ごはんともよく合う甘辛味で

豚バラ肉と大根の甘辛炒め煮

［冷蔵**5**日／冷凍**1**ヶ月］

材料（4人分）

豚バラ薄切り肉……300g

大根……1/2本

片栗粉……大さじ3

A｜水……150mℓ

　｜しょうゆ……大さじ3

　｜すりおろししょうが・砂糖・
　｜みりん……各大さじ1

サラダ油……小さじ2

作り方 🕐 20分

［下準備］

1 豚肉は4〜5cm長さに切り、片栗
粉を揉み込むようにまぶす。

2 大根は皮ごと7mm幅のいちょう
切りにする。Aは混ぜ合わせて
おく。

［本調理］

3 フライパンにサラダ油を薄くひき、
1をほぐしながら入れて弱めの
中火にかけ、7〜8分加熱する。

4 焼き色がついたら、全体をほぐ
すようにひっくり返し、2の大根
を加えて混ぜ合わせる。Aを加
えて混ぜ、蓋をして中火にする。

5 蒸気が出たら、8〜9分加熱して
大根に火を通す。煮汁にとろみ
がついてきたら、底からかき混
ぜて煮汁をからめる。

豚バラ肉｜冷蔵作りおき

オイスターソースで簡単中華風に！

豚肉とブロッコリーの オイスターソース炒め

［冷凍 **3** 週間］

材料(4人分)

豚もも薄切り肉
（またはしょうが焼き用）
……300g

ブロッコリー……1株

A｜しょうゆ・酒・
　　オイスターソース・
　　片栗粉
　　……各大さじ3
　　すりおろしにんにく
　　……小さじ1

水……100㎖

サラダ油……小さじ2

下ごしらえ ⏱5分

1 豚肉は4〜5cm長さに切る。

2 ブロッコリーは小房に分ける。茎はかたい部分を切り落とし、3〜4cm長さに切り、7mm幅に切る。

冷凍する

3 冷凍用保存袋にA、1を入れて軽く揉み込み、2を加えて平らにならす。袋の空気を抜いて口を閉じ、冷凍する。

シャキシャキとした小松菜とうま塩味がマッチ

豚肉と小松菜のうま塩炒め

［冷凍 **3** 週間］

材料(4人分)

豚もも薄切り肉（またはしょうが
焼き用）……300g

小松菜……2束

A｜片栗粉……大さじ3
　　ごま油……大さじ2
　　顆粒鶏がらスープの素
　　……小さじ2
　　すりおろしにんにく
　　……小さじ1
　　塩……小さじ1/2
　　こしょう……小さじ1/4

水……100㎖

サラダ油……小さじ2

＊こしょうは、粗びき、粉末のどちらでも可。

下ごしらえ ⏱5分

1 豚肉は4〜5cm長さに切る。

2 小松菜は4〜5cm幅に切る。

冷凍する

3 冷凍用保存袋にA、1を入れて軽く揉み込み、2を加えて平らにならす。袋の空気を抜いて口を閉じ、冷凍する。

さっぱりとした味わいで程よい食感もある豚もも肉に、ブロッコリーや小松菜を合わせて、
食卓に緑色を取り入れて。冷めてもおいしいしっかり味です。

ブロッコリーの食感があと引く

豚もも肉｜味つけ冷凍

当日調理　⏱30分

凍ったまま加熱

4　フライパンにサラダ油を薄くひき、凍ったままの3、水を入れて軽くほぐす。蓋をして弱めの中火にかけ、15分ほど加熱する。

5　蒸気が出はじめたら、ヘラで切るようにして全体を混ぜ合わせ、蓋をして10分ほど加熱する。蓋を開け、全体を混ぜ合わせながら、1〜2分炒める。

炒り卵を加えて炒めて
ボリュームおかずにしたいときは、炒り卵やパプリカなどを加えて炒めれば、彩りもよい一品に。

うま塩味と豚肉の甘みが噛むほどしみ出る！

当日調理　⏱35分

凍ったまま加熱

4　フライパンにサラダ油を薄くひき、凍ったままの3、水を入れて軽くほぐす。蓋をして弱めの中火にかけ、20分ほど加熱する。

5　蒸気が出はじめたら、ヘラで切るようにして全体を混ぜ合わせ、蓋をして10分ほど加熱する。蓋を開け、全体を混ぜ合わせながら、1〜2分炒める。

丼めしに
あたたかいごはんにたっぷりのせて丼めしに。肉汁がしみ込んだごはんと、歯応えのある小松菜を一緒にかき込んで。

豚もも肉

緑黄色野菜が入って、栄養も満点！

豚肉の甘酢ソース

材料（4人分）

豚もも薄切り肉（またはしょうが焼き用）……300g

ピーマン……2個

にんじん……1本

玉ねぎ……1/2個

A 片栗粉……大さじ3

白炒りごま・砂糖・しょうゆ・酒・トマトケチャップ……各大さじ2

酢……小さじ4

水……100mℓ

サラダ油……小さじ2

作り方 ⏱5分

切る

1 豚肉は4〜5cm長さに切る。

2 ピーマンは種ごと2〜3cm角の乱切り、にんじんは2〜3cm角の乱切り、玉ねぎは2〜3cm角に切る。

下味をつける

3 保存容器にAを混ぜ合わせ、1を入れて軽く揉む。
↓
豚肉は冷蔵庫で10分〜一晩（8時間）おく。

＊野菜は保存容器に入れ、冷蔵庫で保存。

漬け汁にすりおろし玉ねぎが入ってやさしい甘みに

ポークジンジャー

材料（4人分）

豚もも薄切り肉（またはしょうが焼き用）……400g

A すりおろし玉ねぎ……1/2個分

片栗粉……大さじ4

しょうゆ……大さじ3

すりおろししょうが・砂糖・みりん……各大さじ1

すりおろしにんにく……小さじ1

こしょう……小さじ1/4

サラダ油……大さじ1

サニーレタス……1/2個

＊こしょうは、粗びき、粉末のどちらでも可。

作り方 ⏱5分

切る

1 豚肉は4〜5cm長さに切る。

2 サニーレタスは食べやすい大きさにちぎる。

下味をつける

3 保存容器にAを混ぜ合わせ、1を入れて軽く揉む。
↓
豚肉は冷蔵庫で10分〜一晩（8時間）おく。

＊サニーレタスは保存容器に入れ、冷蔵庫で保存。

豚もも肉は脂肪が少なく、あっさりとした味わいが特徴。
片栗粉を使えば、少ない調味料でしっかり味がからみます。

さっぱりとした
甘酢で
食欲を刺激！

当日調理 ⏱15分

蒸し焼きにする

4 フライパンにサラダ油を薄くひき、にんじん、玉ねぎ、豚肉の汁けを軽くきって入れ（漬け汁は取っておく）、蓋をする。弱めの中火にかけ、7〜8分加熱する。

5 焼き色がついたら全体をほぐすようにひっくり返し、**2**のピーマンを加えて混ぜる。

6 残りの漬け汁、水を加え、蓋をして5〜6分加熱する。蓋を開け、1〜2分沸騰させ、全体を混ぜて煮汁をからめる。

＊冷蔵5日／冷凍1ヶ月

好みの魚介類と炒めて
いかやえびなどの好みの魚介類を加えて炒めれば、うま味がグッとアップして、スペシャルな中華風のおかずに。

ほぐしながら焼きつつ、
かたまりになっていても◎。
食べ応え満点な一品

当日調理 ⏱15分

蒸し焼きにする

4 フライパンにサラダ油を薄くひき、豚肉の汁けを軽くきって入れ（漬け汁は取っておく）、弱めの中火で7〜8分加熱する。

5 焼き色がついたら、全体をほぐすようにひっくり返す。残りの漬け汁を加え、蓋をして5〜6分加熱し、全体を混ぜて煮汁をからめる（冷蔵5日／冷凍1ヶ月）。

6 器に盛り、水けをきったサニーレタスを添える。

なすやきのこを加えて炒めて
なすやきのこなどの具材を加えてボリュームアップしても。すりおろした玉ねぎのおかげで、しっかりと味がからみます。

甘酸っぱい梅ダレがよくからむ！
りんご酢でマイルドな酸味に

豚肉の
梅ダレ漬け

[冷蔵 **5**日／冷凍 **1**ヶ月]

材料 (4人分)

豚もも薄切り肉 (またはしょうが焼き用)
……400g

片栗粉……大さじ4

A │ だし汁……300㎖

│ 梅肉……大さじ2

│ 砂糖・りんご酢 (または米酢)・
│ しょうゆ……各大さじ1

サラダ油……大さじ2

＊だし汁は、水300㎖＋顆粒和風だし
の素小さじ3/4で代用可。

作り方 🕐 20分

[下準備]

1 豚肉は4〜5cm長さに切り、片栗
粉を揉み込むようにまぶす。大
きめのボウルにＡを入れて混
ぜ合わせておく。

[本調理]

2 フライパンにサラダ油をひき、
豚肉をほぐしながら入れて弱め
の中火にかけ、7〜8分加熱する。

3 焼き色がついたら、全体をほぐ
すようにひっくり返し、全体に火
が通るまで2〜3分加熱する。**1**
のボウルに入れ、あえるように
全体を混ぜ合わせる。

＊口あたりをよくしたいときは、冷蔵庫
で2時間以上冷やす。

〜〜〜〜〜〜〜〜〜〜

青じそをのせて

仕上げにたっぷりの青じそをのせれば
大人味に。よりさっぱりいただけます。

豚もも肉は手軽に手に入る食材だからこそ、レシピがマンネリ化しやすい方も多いのでは？
梅肉や食べ応えのある野菜と組み合わせれば、飽きずに食べられるメインおかずに。

ピリッとソースにかぶの甘みがやさしい
豚肉とかぶの
チリソース炒め煮 ［冷蔵 **5**日／冷凍 **1**ヶ月］

材料（4人分）

豚もも薄切り肉（またはしょうが焼き用）
……300g

かぶ……4〜5個

片栗粉……大さじ3

A｜水……200㎖
｜砂糖・酢・しょうゆ・酒
｜……各大さじ1
｜すりおろしにんにく・豆板醤・
｜顆粒鶏がらスープの素
｜……各小さじ1

サラダ油……小さじ2

作り方 🕐 25分

［下準備］

1 豚肉は4〜5cm長さに切り、片栗粉を揉み込むようにまぶす。

2 かぶの実は厚めに皮をむき、一口大に切り、葉は4〜5cm幅に切る。Aは混ぜ合わせておく。

［本調理］

3 フライパンにサラダ油を薄くひき、1をほぐしながら入れて弱めの中火にかけ、7〜8分加熱する。

4 焼き色がついたら、全体をほぐすようにひっくり返し、かぶの実を加えて混ぜ合わせる。Aを加えて混ぜ、蓋をして中火にする。

5 蒸気が出たら弱めの中火にし、7〜8分加熱してかぶに竹串がスッと通り、煮汁にとろみがついてきたら、かぶの葉を加える。全体を混ぜ合わせ、蓋をして2〜3分加熱し、底からかき混ぜて煮汁をからめる。

ほっくりじゃがいもに味がしみて美味
豚肉とじゃがいもの
照り煮 ［冷蔵 **5**日］

材料（4人分）

豚もも薄切り肉（またはしょうが焼き用）
……300g

じゃがいも……4個

片栗粉……大さじ2

A｜だし汁……200㎖
｜砂糖……大さじ1

B｜しょうゆ……大さじ3
｜みりん……大さじ1

サラダ油……小さじ2

＊だし汁は、水200㎖＋顆粒和風だしの素小さじ1/2で代用可。

作り方 🕐 25分

［下準備］

1 豚肉は4〜5cm長さに切り、片栗粉を揉み込むようにまぶす。

2 じゃがいもは大きめの一口大に切る。

［本調理］

3 フライパンにサラダ油をひき、2、1を広げながら入れ、蓋をする。弱めの中火にかけ、10分ほど加熱する。

4 焼き色がついたら、底から全体を混ぜ、Aを加えて全体を混ぜてなじませ、蓋をする。

5 蒸気が出たら7〜8分加熱し、じゃがいもに竹串がスッと通ったら、Bを加える。3〜4分加熱し、煮汁をからめる。

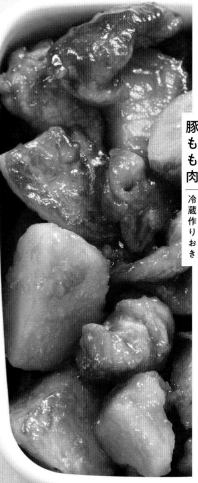

豚もも肉 ｜冷蔵作りおき

酢をしっかりときかせて、さっぱりおかずに

豚肉とれんこんの さっぱり炒め ［冷凍**3**週間］

材料（4人分）

豚ロース薄切り肉
（またはしょうが焼き用）
……300g

れんこん……2節（400g）

A｜しょうゆ……大さじ4
　｜片栗粉……大さじ3
　｜酢・みりん
　｜……各小さじ4

水……100mℓ

サラダ油……小さじ2

（下ごしらえ）⏱5分

1 豚肉は4〜5cm長さに切る。れんこんは一口大の乱切りにする。

（冷凍する）

2 冷凍用保存袋にA、豚肉を入れて軽く揉み込み、れんこんを加えて平らにならす。袋の空気を抜いて口を閉じ、冷凍する。

長ねぎとしょうがの香味野菜でパンチのある味つけ

豚肉と長ねぎの しょうが炒め ［冷凍**3**週間］

材料（4人分）

豚ロース薄切り肉
（またはしょうが焼き用）
……300g

長ねぎ……2本

A｜しょうゆ・片栗粉
　｜……各大さじ3
　｜すりおろししょうが・
　｜砂糖・みりん
　｜……各大さじ1

水……100mℓ

サラダ油……小さじ2

（下ごしらえ）⏱5分

1 豚肉は4〜5cm長さに切る。長ねぎは5mm幅、4〜5cm長さの斜め切りにする。

（冷凍する）

2 冷凍用保存袋にA、豚肉を入れて軽く揉み込み、長ねぎを加えて平らにならす。袋の空気を抜いて口を閉じ、冷凍する。

ジューシーで高たんぱくな豚ロース肉を使えば、食べ応えや満足度の高いおかずになります。
さらにれんこんでボリュームをアップしたり、たっぷりの長ねぎで香ばしく仕上げて。

れんこんは
乱切りにして、
歯触りも楽しんで

当日調理 🕐 35分

凍ったまま加熱

3 フライパンにサラダ油を薄くひき、凍ったま
まの**2**、水を入れて軽くほぐす。蓋をして弱
めの中火にかけ、20分ほど加熱する。

4 蒸気が出はじめたら、ヘラで切るようにし
て全体を混ぜ合わせ、蓋をして10分ほど
加熱する。蓋を開け、全体を混ぜ合わせな
がら、1〜2分炒める。

〜〜〜〜〜〜〜〜〜〜〜〜〜〜〜〜〜〜〜
青ねぎを加えて彩りアップ
仕上げに青ねぎをたっぷり加えて、彩りと風味をプラス
しても。好みで白ごまをかけてもおいしい。

豚ロース肉 ─ 味つけ冷凍

すりおろししょうがと
長ねぎの香味で
ごはんがすすむ！

当日調理 🕐 30分

凍ったまま加熱

3 フライパンにサラダ油を薄くひき、凍ったま
まの**2**、水を入れて軽くほぐす。蓋をして弱
めの中火にかけ、15分ほど加熱する。

4 蒸気が出はじめたら、ヘラで切るようにし
て全体を混ぜ合わせ、蓋をして10分ほど
加熱する。蓋を開け、全体を混ぜ合わせな
がら、1〜2分炒める。

〜〜〜〜〜〜〜〜〜〜〜〜〜〜〜〜〜〜〜
レタス包みの具材に
野菜をたくさんとりたい日は、レタス包みの具材として
使っても。しっかり味なので、シャキシャキレタスでさ
っぱりと食べられます。

玉ねぎの甘みと、豆板醤のピリ辛味がマッチ！

豚肉のチリソース炒め

材料（4人分）

豚ロース薄切り肉（または
　しょうが焼き用）……300g
ピーマン……2個
パプリカ（赤）……1個
玉ねぎ……1個
A｜片栗粉……大さじ3
　｜砂糖・酒・
　｜トマトケチャップ
　｜……各大さじ2
　｜酢……小さじ4
　｜しょうゆ……小さじ2
　｜すりおろしにんにく・
　｜豆板醤
　｜……各小さじ1
水……100mℓ
サラダ油……小さじ2

作り方 🕐 5分

【切る】

1 豚肉は4〜5cm長さに切る。
2 ピーマン、パプリカは1cm
　幅の細切り、玉ねぎは縦
　半分に切り、繊維に沿っ
　て1cm幅に切る。

【下味をつける】

3 保存容器にAを混ぜ合
　わせ、1を入れて軽く揉む。
　↓
　豚肉は冷蔵庫で10分〜
　一晩（8時間）おく。

＊野菜は保存容器に入れ、冷蔵
庫で保存。

ケチャップベースで、子どもも大好きな味！

ポークチャップ

材料（4人分）

豚ロース薄切り肉（または
　しょうが焼き用）……300g
玉ねぎ……2個
A｜片栗粉・
　｜トマトケチャップ
　｜……各大さじ3
　｜ウスターソース
　｜……大さじ2
　｜しょうゆ……小さじ2
　｜すりおろしにんにく
　｜……小さじ1
サラダ油……小さじ2
ベビーリーフ
　……2パック

作り方 🕐 5分

【切る】

1 豚肉は4〜5cm長さに切る。
2 玉ねぎは縦半分に切り、繊
　維に沿って1cm幅に切る。

【下味をつける】

3 保存容器にAを混ぜ合
　わせ、1を入れて軽く揉む。
　↓
　豚肉は冷蔵庫で10分〜
　一晩（8時間）おく。

＊野菜は保存容器に入れ、冷蔵
庫で保存。

疲れや眠気があるときは、ビタミンB群が不足していることも。
豚ロース肉は子どもから大人まで、しっかり取りたい栄養が豊富。濃いめの味つけで、ごはんもすすみます。

パプリカを入れるだけで、彩りも栄養もグンとアップ！

当日調理 🕐15分
蒸し焼きにする

4 フライパンにサラダ油を薄くひき、玉ねぎ、豚肉の汁けを軽くきって入れ（漬け汁は取っておく）、蓋をする。弱めの中火にかけ、7〜8分加熱する。

5 焼き色がついたら全体をほぐすようにひっくり返し、ピーマン、パプリカを加えて混ぜる。残りの漬け汁、水を加え、蓋をして弱めの中火にし、5〜6分加熱する。

6 蓋を開け、1〜2分沸騰させ、全体を混ぜて煮汁をからめる。
＊冷蔵5日／冷凍1ヶ月

焼きそばや焼きうどんの具材に
蒸し中華麺やゆでうどんを加えて、ピリ辛味の焼きそばや焼きうどんとしても。休日のお昼ごはんに重宝します。

キャベツやサンチュなども相性◎　肉サラダ風に！

当日調理 🕐15分
蒸し焼きにする

4 フライパンにサラダ油を薄くひき、玉ねぎ、豚肉の汁けを軽くきって入れ（漬け汁は取っておく）、蓋をする。弱めの中火にかけ、7〜8分加熱する。

5 焼き色がついたら全体をほぐすようにひっくり返し、残りの漬け汁を加え、蓋をして5〜6分加熱する。蓋を開け、1〜2分沸騰させ、全体を混ぜて煮汁をからめる（冷蔵5日／冷凍1ヶ月）。

6 器に盛り、ベビーリーフを添える。

ナポリタンの具材に
ナポリタンの具材としても大活躍。残った量に応じて調味料を加減して、自分好みの味つけにしましょう。

豚ロース肉

とろとろのなすに、
トマトのあっさり感が◎

豚肉となすの
トマト煮

[冷蔵 **5** 日／冷凍 **1** ヶ月]

材料（4人分）

豚ロース薄切り肉
　（またはしょうが焼き用）……300g
なす……4〜5本
片栗粉……大さじ4
A ｜ カットトマト缶……1缶（400g）
　　　トマトケチャップ……大さじ3
　　　ウスターソース……大さじ2
　　　顆粒コンソメスープの素
　　　　……小さじ2
オリーブオイル……大さじ3

作り方 🕐 20分

【下準備】

1 豚肉は4〜5cm長さに切る。な
　すは一口大の乱切りにし、豚肉
　とともに片栗粉を揉み込むよう
　にまぶす。

【本調理】

2 フライパンにオリーブオイルを
　ひき、豚肉、なすを入れて蓋を
　する。弱めの中火にかけ、10分
　ほど加熱する。

3 焼き色がついたら、全体をほぐ
　すようにひっくり返し、**A**を加え
　て混ぜ、蓋をする。

4 沸騰したら4〜5分加熱し、全
　体を混ぜ合わせる。

存在感のある豚ロースは、野菜1品との組み合わせでも主役級のおかずに。
肉のうま味をしっかり含んだ野菜がじんわりおいしい！

うま味の濃いオイスターソースがおいしい！

豚肉と大根の
オイスターソース炒め煮

[冷蔵 **5** 日／冷凍 **1** ヶ月]

材料（4人分）

豚ロース薄切り肉
　（またはしょうが焼き用）……300g
大根……1/2本
片栗粉……大さじ3
A｜しょうゆ・酒・オイスターソース
　｜……各大さじ2
　｜すりおろししょうが……大さじ1
サラダ油……小さじ2

作り方 🕐 20分

[下準備]

1 豚肉は4～5cm長さに切り、片栗
　粉を揉み込むようにまぶす。大
　根は皮ごと7mm幅のいちょう切り
　にする。Aは混ぜ合わせておく。

[本調理]

2 フライパンにサラダ油を薄くひ
　き、豚肉をほぐしながら入れて
　弱めの中火にかけ、7～8分加
　熱する。

3 焼き色がついたら、全体をほぐ
　すようにひっくり返し、大根、A
　を加えて混ぜ合わせ、蓋をする。

4 蒸気が出たら5～6分加熱し、
　大根に火が通ったら、底からか
　き混ぜて煮汁をからめる。

卵でとじて丼やお弁当に
仕上げに卵を加えて卵とじにしても。お
弁当に入れても喜ばれる一品。

シンプルな長ねぎと豚肉の組み合わせに
ごま油を香らせて

豚肉のねぎ塩炒め

[冷蔵 **5** 日／冷凍 **1** ヶ月]

材料（4人分）

豚ロース薄切り肉
　（またはしょうが焼き用）……300g
長ねぎ……2本
片栗粉……大さじ3
A｜ごま油……大さじ2
　｜すりおろしにんにく・顆粒鶏がら
　｜スープの素……各小さじ1
　｜塩……小さじ1/2
　｜粗びき黒こしょう……小さじ1/4
サラダ油……小さじ2

作り方 🕐 20分

[下準備]

1 豚肉は4～5cm長さに切り、片栗
　粉を揉み込むようにまぶす。長ね
　ぎは5mm幅、4～5cm長さの斜め切
　りにする。Aは混ぜ合わせておく。

[本調理]

2 フライパンにサラダ油を薄くひき、
　豚肉をほぐしながら入れて弱め
　の中火にかけ、7～8分ほど加熱
　する。

3 焼き色がついたら、全体をほぐす
　ようにひっくり返し、長ねぎ、Aを
　加えて混ぜ合わせて蓋をする。

4 3～4分加熱し、蒸気が出たら、底
　からかき混ぜて煮汁をからめる。

豚ロース肉｜冷蔵作りおき

玉ねぎがとろっと溶けて甘い！

牛肉と玉ねぎの甘辛煮

[冷凍 **3** 週間]

材料（4人分）

牛切り落とし肉……400g

玉ねぎ……2個

A しょうゆ・片栗粉
　　　……各大さじ4
　　酒・みりん……各小さじ4
　　すりおろししょうが
　　　……大さじ1

水……100㎖

サラダ油……小さじ2

（下ごしらえ）🕐 5分

1 牛肉は4〜5cm長さに切る。

2 玉ねぎは縦半分に切り、繊維に沿って7mm幅に切る。

（冷凍する）

3 冷凍用保存袋にA、1を入れて軽く揉み込み、2を加えて平らにならす。袋の空気を抜いて口を閉じ、冷凍する。

手軽に作れるけど、味は妥協なしの本格派！

お手軽ハッシュドビーフ

[冷凍 **3** 週間]

材料（4人分）

牛切り落とし肉……400g

玉ねぎ……2個

ぶなしめじ……100g

A 赤ワイン……200㎖
　　トマトケチャップ・
　　ウスターソース
　　　……各大さじ2
　　しょうゆ……小さじ1

デミグラスソース缶
　　……1缶（290g）

サラダ油……小さじ2

（下ごしらえ）🕐 5分

1 牛肉は4〜5cm長さに切る。

2 玉ねぎは縦半分に切り、繊維に沿って7mm幅に切る。ぶなしめじはほぐす。

（冷凍する）

3 冷凍用保存袋にA、1を入れて軽く揉み込み、2を加えて平らにならす。袋の空気を抜いて口を閉じ、冷凍する。

うま味の強い牛肉は、食卓に出て喜ばれること間違いなし！
牛肉はさっと炒めるだけで火が通るので、仕事から帰ってきてからでもパパッと作れます。

ついつい
ごはんにのせて
丼にしたくなる！

牛肉 ｜味つけ冷凍

当日調理 ⏱35分

凍ったまま加熱

4 フライパンにサラダ油を薄くひき、凍ったままの**3**、水を入れて軽くほぐす。蓋をして弱めの中火にかけ、20分ほど加熱する。

5 蒸気が出はじめたら、ヘラで切るようにして全体を混ぜ合わせ、蓋をして10分ほど加熱する。蓋を開け、全体を混ぜ合わせながら、1〜2分炒める。

〜〜〜〜〜〜〜〜〜〜〜〜〜〜〜
豆腐を加えて肉豆腐に
だし汁と豆腐を加えて肉豆腐にしたり、ごはんにかけて丼めしにしても。

赤ワインが香って
本格的な味わい。
牛肉がとろける

当日調理 ⏱35分

凍ったまま加熱

4 フライパンにサラダ油を薄くひき、凍ったままの**3**、デミグラスソースを入れて軽くほぐす。蓋をして弱めの中火にかけ、20分ほど加熱する。

5 蒸気が出はじめたら、ヘラで切るようにして全体を混ぜ合わせ、蓋をして15分ほど加熱する。

〜〜〜〜〜〜〜〜〜〜〜〜〜〜〜
ごはんにかけて
あたたかいごはんにかけたり、ドリアやグラタンにしてもおいしくいただけます。

牛肉

さっと炒めるだけで、豪華なおかずに!

牛肉のタレ漬け焼き

材料（4人分）

牛切り落とし肉……400g

A | 片栗粉……大さじ4
しょうゆ……大さじ3
白炒りごま……大さじ2
砂糖……小さじ4
みりん……大さじ1
すりおろしにんにく・こしょう……各小さじ1

サラダ油……小さじ2

パプリカ（赤・黄）……各1/2個

サニーレタス……1個

＊こしょうは、粗びき、粉末のどちらでも可。

作り方 ⏱5分

切る・はがす

1 パプリカは1cm幅の細切りにする。レタスは1枚ずつはがす。

下味をつける

2 保存容器にAを混ぜ合わせ、牛肉を入れて軽く揉む。
↓
牛肉は冷蔵庫で10分〜一晩（8時間）おく。

＊野菜は保存容器に入れ、冷蔵庫で保存。

おもてなしや、特別な日にも作りたい! # ローストビーフ

材料（4人分）

牛ももかたまり肉……400〜500g

にんにく……1かけ

セロリ……5cm

玉ねぎ……1/4個

A | 塩・こしょう……各小さじ1

B | 水……150mℓ
赤ワイン（または白ワイン、日本酒）……50mℓ
しょうゆ……大さじ1
顆粒ブイヨンスープの素（または顆粒コンソメスープの素）……小さじ1/2

オリーブオイル……大さじ1

ベビーリーフ……1パック

パプリカ（黄）……1/2個

ミニトマト……4個

＊牛肉は、調理の2〜3時間前に冷蔵庫から出して常温に戻す。

作り方 ⏱30分

切る

1 にんにく、セロリは2mm幅の薄切り、玉ねぎは縦半分に切り、2mm幅の薄切りにする。

2 パプリカは3mm幅の薄切りにし、ミニトマトは半分に切る。

下味をつける

3 牛肉にAをふり、まんべんなくすり込む。

4 深めのフライパンを中火にかけ、1分ほど空焼きする。オリーブオイル、3を入れ、全面を2分ずつ焼いたら取り出す。

5 同じフライパンに1を加えて弱火にかけ、2〜3分炒める。Bを加えて中火にし、沸騰したら4を加える。

6 牛肉の全面を5分ずつ焼いたら火を止め、牛肉を取り出してアルミホイルで三重に包む。

7 6の煮汁はざるでこし、再びフライパンに戻して弱火にかけ、かき混ぜながら1〜2分加熱する（ソース）。
↓
牛肉は粗熱を取り、冷蔵庫で10分〜一晩（8時間）おく。

＊ソースは保存容器に入れ、冷蔵庫で保存。
＊野菜は保存容器に入れ、冷蔵庫で保存。

牛肉は漬け込んでおいたり、ローストビーフにすることで普段の料理をワンランクアップ。
仕込んでおけば、当日は焼くだけ、切るだけで簡単。みんなから喜ばれる一品です。

ガツンとしたタレで
野菜も
どんどんすすむ！

牛肉｜ちょこっと仕込み

当日調理 ⏱10分

焼く

3 フライパンにサラダ油を薄くひき、牛肉の汁け
を軽くきって入れる（漬け汁は取っておく）。弱
めの中火にかけ、7～8分加熱する。

4 焼き色がついたら、全体をほぐすようにひっく
り返し、残りの漬け汁を加えて3～4分加熱す
る。全体を混ぜて煮汁をからめる（冷蔵4日）。

5 器に盛り、パプリカ、レタスを添える。牛肉、パ
プリカをレタスで巻いていただく。

炒飯の具材に
細かく刻んで炒飯の具材として使ったり、セロリなどを
混ぜておかずサラダにしても。

当日は切るだけ！
好みの厚さに
切れるのも◎

当日調理 ⏱5分

切って盛りつける

8 牛肉を薄切りにする（冷蔵5日／冷凍1ヶ月）。

9 ベビーリーフ、パプリカ、ミニトマトを器に盛り、
ソースを添える。

ローストビーフ丼に
ローストビーフ丼にするときは、しょうゆをかけてわさ
びを添えても。一気に和風な仕上がりに。

大根に牛肉のうま味が
しみ込んでおいしい！

牛肉と大根の甘辛煮

［冷蔵 **5**日／冷凍 **1**ヶ月］

材料（4人分）

牛切り落とし肉……300g
大根……1/2本
片栗粉……大さじ3
A｜水……200mℓ
　｜しょうゆ……大さじ3
　｜砂糖・みりん……各大さじ1
サラダ油……小さじ2

作り方 🕐 20分

［下準備］

1 牛肉に片栗粉を揉み込むように
　まぶす。

2 大根は皮ごと7㎜幅の半月切り
　にする。Aは混ぜ合わせておく。

［本調理］

3 フライパンにサラダ油を薄くひき、
　1をほぐしながら入れて弱めの
　中火にかけ、7〜8分加熱する。

4 焼き色がついたら、全体をほぐ
　すようにひっくり返し、大根を加
　えて混ぜ合わせ、Aを加えて混
　ぜたら、蓋をする。

5 中火にし、蒸気が出たら8〜9
　分加熱する。大根に火が通った
　ら、底からかき混ぜて煮汁をか
　らめる。

牛肉のうま味を野菜に移してなじませられるのが、作りおきの魅力。
野菜が苦手な子どもでも牛肉×濃いタレ味で、箸がすすむお助けレシピ。

せん切りしょうがをたっぷり入れて、ごはんのお供に

牛肉としょうがの みそしぐれ煮 [冷蔵**5**日／冷凍**1**ヶ月]

材料（4人分）

牛切り落とし肉……400g

しょうが……100g

A｜酒……100mℓ
｜みりん……50mℓ
｜みそ……大さじ2と小さじ1
｜砂糖・しょうゆ……各大さじ1

作り方 🕐20分

[下準備]

1 しょうがはせん切りにする。

[本調理]

2 フライパンにA、1、牛肉を入れて全体を混ぜ合わせ、蓋をして中火にかける。

3 蒸気が出たら、弱めの中火にし、汁けがほとんどなくなるまで10分ほど加熱する。

〜〜〜〜〜〜〜〜〜〜〜〜〜〜〜

常備菜として大活躍
みそ味のしぐれ煮は、味がしっかりしているので、ごはんとよく合います。卵とじにして丼にしたり、混ぜごはんにしたりと、汎用性抜群です。

しょうゆベースの甘口で、
ごはんとの相性抜群！

プルコギ [冷蔵**5**日／冷凍**1**ヶ月]

材料（4人分）

牛薄切り肉……400g

玉ねぎ……1個

にんじん……1本

にら……1束

もやし……1袋

片栗粉……大さじ4

A｜しょうゆ……大さじ3
｜白炒りごま・酒・ごま油……各大さじ2
｜砂糖……小さじ4
｜コチュジャン……小さじ2
｜すりおろししょうが・
｜すりおろしにんにく……各小さじ1

サラダ油……小さじ2

作り方 🕐20分

[下準備]

1 牛肉に片栗粉を揉み込むようにまぶす。玉ねぎは縦半分に切り、繊維に沿って7mm幅に切る。にんじんは4〜5cm長さ、7mm幅の細切りにする。にらは4〜5cm長さに切る。Aは混ぜ合わせておく。

[本調理]

2 フライパンにサラダ油を薄くひき、牛肉、玉ねぎ、にんじんを入れる。蓋をして弱めの中火にかけ、7〜8分加熱する。

3 焼き色がついたら、全体をほぐすようにひっくり返し、にら、もやしを加えて全体を混ぜ合わせる。

4 Aを加えて混ぜたら蓋をして中火にし、3〜4分加熱する。蒸気が出たら、底から全体をかき混ぜて煮汁をからめる。

牛肉｜冷蔵作りおき

ケチャップの酸味がほどよく広がる！

合いびき肉と玉ねぎの 洋風だね［冷凍 **3** 週間］

材料（4人分）

合いびき肉……400g

玉ねぎ……1個

A｜トマトケチャップ・
　｜中濃ソース
　｜……各大さじ3
　｜片栗粉……大さじ2
　｜しょうゆ……大さじ1

水……100mℓ

サラダ油……小さじ2

＊中濃ソースは、お好み焼きソース、たこ焼きソース、とんかつソースで代用可。

下ごしらえ ⏱5分

1 玉ねぎはみじん切りにする。

冷凍する

2 冷凍用保存袋にA、1、ひき肉を入れて全体をよく揉み込み、平らにならす。袋の空気を抜いて口を閉じ、冷凍する。

みじん切りにした長ねぎで、香ばしく仕上がる！

合いびき肉と長ねぎの 和風だね［冷凍 **3** 週間］

材料（4人分）

合いびき肉……400g

長ねぎ……1本

A｜しょうゆ・酒
　｜……各大さじ3
　｜片栗粉……大さじ2
　｜砂糖・みりん
　｜……各大さじ1

水……100mℓ

サラダ油……小さじ2

下ごしらえ ⏱5分

1 長ねぎはみじん切りにする。

冷凍する

2 冷凍用保存袋にA、1、ひき肉を入れて全体をよく揉み込み、平らにならす。袋の空気を抜いて口を閉じ、冷凍する。

牛肉と豚肉のうま味が合わさって、味わい深いおかずに早変わり。
そぼろ状にして炒めたらごはんと混ぜ合わせたり、丼風にのせたり、ごはんのお供に。

薄焼き卵をのせて
オムライス風も◎

合いびき肉 ｜ 味つけ冷凍

当日調理 🕛 20分

凍ったまま加熱

3 フライパンに薄くサラダ油をひき、凍ったま
まの2、水を入れる。蓋をして弱めの中火
にかけ、15分ほど加熱し、蓋を外して、水
けが飛ぶまでほぐしながら炒める。

洋風混ぜごはんに
あたたかいごはんに混ぜ合わせれば、洋風混ぜごは
んのできあがり。オムレツやガパオの具材にも。

ほっとする
和風テイストで、
朝ごはんにも

当日調理 🕛 20分

凍ったまま加熱

3 フライパンに薄くサラダ油をひき、凍ったま
まの2、水を入れる。蓋をして弱めの中火
にかけ、15分ほど加熱し、蓋を外して、水
けが飛ぶまでほぐしながら炒める。

丼めしや和風炒飯に
あたたかいごはんにかけるだけでも満足な一品。卵と
ごはんを一緒に炒めれば和風炒飯に。

合いびき肉

パスタをゆでながら炒めるとラク!

お手軽ミートソース [冷凍 **3** 週間]

材料(4人分)

合いびき肉……400g

玉ねぎ……1個

にんじん……1/2本

にんにく……2かけ

A | トマトケチャップ
……大さじ3

　 | ウスターソース・片栗粉
……各大さじ2

　 | 顆粒コンソメスープの素
……小さじ2

　 | 砂糖……小さじ1

カットトマト缶……1缶(400g)

サラダ油……小さじ2

作り方 🕐 5分

切る

1 玉ねぎ、にんじん、にんにくはみじん切りにする。

下味をつける

2 冷凍用保存袋にA、1、ひき肉を入れて全体をよく揉み込み、平らにならす。袋の空気を抜いて口を閉じ、冷凍する。

みじん切りにした野菜のうま味がたまらない!

キーマカレー [冷凍 **3** 週間]

材料(4人分)

合いびき肉……400g

玉ねぎ……1個

にんじん……1/2本

パプリカ(黄)……1個

A | トマトケチャップ・
ウスターソース
……各大さじ3

　 | 片栗粉……大さじ2

　 | 顆粒コンソメスープの素
……小さじ4

　 | カレー粉……大さじ1

　 | すりおろししょうが・
すりおろしにんにく・
しょうゆ……各小さじ1

水……200ml

サラダ油……小さじ2

作り方 🕐 5分

切る

1 玉ねぎ、にんじん、パプリカはみじん切りにする。

下味をつける

2 冷凍用保存袋にA、1、ひき肉を入れて全体をよく揉み込み、平らにならす。袋の空気を抜いて口を閉じ、冷凍する。

合いびき肉にはしっかり味を漬け込み、当日調理ではしっかり煮込むように炒めるのがコツ。
蓋をして加熱することで、お肉がふんわりと仕上がります。

当日にトマト缶を加えて、フレッシュに！

当日調理　⏲ 35分

凍ったまま加熱

3　フライパンにサラダ油を薄くひき、凍ったままの2、カットトマト缶を入れて軽くほぐす。蓋をして弱めの中火にかけ、20分ほど加熱する。

4　蒸気が出はじめたら、ヘラで切るようにして全体を混ぜ合わせ、蓋をして15分ほど加熱する。

ゆでたパスタにかけて
ゆでたパスタにかけてミートソーススパゲッティに。かけるだけで簡単なので、常備しておくと忙しいときに助かります。

ごはんがモリモリすすむ！

当日調理　⏲ 35分

凍ったまま加熱

3　フライパンにサラダ油を薄くひき、2、水を入れて軽くほぐす。蓋をして弱めの中火にかけ、20分ほど加熱する。

4　蒸気が出はじめたら、ヘラで切るようにして全体を混ぜ合わせ、蓋をして15分ほど加熱する。

ごはんにかけて
あたたかいごはんにかけてそのまま食べても。さらにチーズをかけてオーブンで焼けば、子どもも大好きなドリアに。

合いびき肉

キャベツに肉だねを詰め込む、
豪快な一品！

巻かない
ロールキャベツ

［冷蔵**4**日／冷凍**1**ヶ月］

材料（4人分）

合いびき肉……300g

キャベツ……1/2個

| A | 塩……小さじ1/2 |
| | こしょう……小さじ1/4 |

| B | 絹ごし豆腐……1/2丁（150g） |
| | パン粉……10g |

| C | 水……600mℓ |
| | 顆粒コンソメスープの素……小さじ4 |

＊こしょうは、粗びき、粉末のどちらでも可。

作り方 ⏱ 45分

【下準備】

1 キャベツは芯を取り除き、外葉が3cmほど残るぐらいまで中心部分を数枚はがし、空洞を作る。はがしたキャベツはみじん切りにする。

2 ボウルにひき肉、Aを入れて1分ほどよくこね、1のみじん切りにしたキャベツ、Bを加えて1分ほどこねる。

3 1の空洞部分に2を詰める。

4 余ったたねは一口大に丸める。

【本調理】

5 フライパンに3をたねが下になるようにおき、周りからCを入れ、4の余ったたねを加える。蓋をして強めの中火にかけ、沸騰したら弱めの中火にし、30分ほど加熱する。

巻かないロールキャベツは、キャベツの水分と肉だねのうま味が溶け込んで絶品です。
ミートソースとそぼろは、冷めてもおいしいので、お弁当のおかずとしても便利。

たっぷりのひき肉とトマトのうま味で、人気おかずに！

じゃがいものミートソース煮 [冷蔵 **5**日]

材料（4人分）

合いびき肉……400g

じゃがいも……4個

A｜水……400mℓ
　｜顆粒コンソメスープの素
　｜……小さじ2

カットトマト缶……1缶（400g）

B｜トマトケチャップ・中濃ソース・
　｜片栗粉……各大さじ2

サラダ油……小さじ2

＊中濃ソースは、お好み焼きソース、たこ焼きソース、とんかつソースで代用可。

作り方 🕐 30分

[下準備]

1 じゃがいもは一口大に切る。**B**は混ぜ合わせておく。

[本調理]

2 フライパンにサラダ油を薄くひき、ひき肉、**A**を入れ、ヘラで切るようにして全体を混ぜ合わせ、中火にかける。

3 沸騰したら、さらによく混ぜ合わせる。ひき肉全体の色が変わったら、**1**のじゃがいもを加えて全体を混ぜ、蓋をする。

4 沸騰したら、弱めの中火にし、蓋を少しずらして15分ほど加熱する。

5 じゃがいもに竹串がスッと通ったら、カットトマト缶、**B**を加え、全体を混ぜて蓋をする。沸騰したら10分ほど加熱する。

しょうががきいた甘辛味。
ごはんや冷ややっこにかけて

合いびき肉の そぼろ [冷蔵 **5**日／冷凍 **1**ヶ月]

材料（4人分）

合いびき肉……400g

A｜しょうゆ……大さじ3
　｜砂糖……小さじ4
　｜すりおろししょうが・酒・みりん
　｜……各大さじ1

作り方 🕐 10分

[下準備]

1 フライパンにたっぷりの水（分量外）を入れて沸かし、ひき肉を入れて1分ほど色が変わるまでほぐしながら下ゆでし、ざるにあげる。

[本調理]

2 フライパンに**A**、**1**を入れて中火にかけ、混ぜながら5〜6分加熱し、煮汁がほとんどなくなったら火を止める。

〜〜〜〜〜〜〜
あんかけにして
水溶き片栗粉を加えてあんかけにすれば、丼の具やうどんにかけるなどに使えて便利です。

合いびき肉｜冷蔵作りおき

全量使わない場合は、パキパキ折って使うと便利

豚ひき肉のつくね ［冷凍**3**週間］

材料（4人分）

豚ひき肉……400g

玉ねぎ……1個

A ｜ 片栗粉……大さじ2
｜ すりおろししょうが・酒
｜ ……各大さじ1
｜ すりおろしにんにく
｜ ……小さじ1
｜ 塩……小さじ1/4

B ｜ しょうゆ・酒・みりん
｜ ……各大さじ3
｜ 砂糖……大さじ2

サラダ油……小さじ2

（下ごしらえ）🕐 5分

1 玉ねぎはみじん切りにする。

（冷凍する）

2 冷凍用保存袋にA、1、ひき肉を入れて全体をよく揉み込み、平らにならす。袋の空気を抜いて口を閉じ、袋の上から包丁の背で16分割して冷凍する。

香味野菜が入っているから、スープに入れるだけでも◎

しょうが風味の肉団子
［冷凍**3**週間］

材料（4人分）

豚ひき肉……400g

長ねぎ……1/2本

A ｜ 片栗粉……大さじ2
｜ すりおろししょうが・酒
｜ ……各大さじ1
｜ 顆粒鶏がらスープの
｜ 素……小さじ1

白菜……1/2個（約1300g）

B ｜ 酒……100mℓ
｜ しょうゆ……大さじ3
｜ すりおろししょうが
｜ ……大さじ1
｜ 砂糖・顆粒鶏がら
｜ スープの素
｜ ……各小さじ2
｜ こしょう……小さじ1/4

C ｜ 片栗粉・水
｜ ……各大さじ3

＊こしょうは、粗びき、粉末のどちらでも可。

コクがある豚ひき肉は、つくねなど丸く成形して食べたときにジュワッとうま味がしみ出て◎。
煮込みにすれば、スープにうま味が移って、ごはんに合うおかずになります。

お弁当にも
詰めやすい！
多めに作ると◎

| 当日調理 | ⏱ 30分 |

半解凍して加熱

3 半解凍した豚ひき肉のつくねを丸めて成形する。Bは混ぜ合わせておく。

4 フライパンにサラダ油を薄くひき、3のたねを入れて中火にかけ、転がしながら5〜6分加熱する。

5 焼き色がついたら蓋をして弱火にし、10分ほど加熱する。

6 つくねの底面にヘラを入れてはがしてからBを加え、1〜2回転がしながら、全体にタレをからめる。

〜〜〜〜〜〜〜〜〜〜〜〜〜〜〜〜〜
大根おろしや青じそをのせて
大根おろし、青じそのせん切りをたっぷりのせたり、卵黄につけても。

豚ひき肉｜味つけ冷凍

とろとろの煮汁が
肉団子にしみて
おいしい！

| 下ごしらえ | ⏱ 5分 |

1 長ねぎはみじん切りにする。Cは混ぜ合わせておく。

| 冷凍する |

2 冷凍用保存袋にA、1、ひき肉を入れて全体をよく揉み込み、平らにならす。袋の空気を抜いて口を閉じ、袋の上から包丁の背で16分割して冷凍する。

| 当日調理 | ⏱ 35分 |

半解凍して加熱

3 半解凍した2を丸めて成形する。

4 白菜は芯を取り除き、繊維を断ち切るように2〜3cm幅に切る。

5 鍋にBを合わせ、3と4を入れ、蓋をして強めの中火で15分ほど加熱する。蒸気が出たら中火にし、底からかき混ぜて蓋をし、6〜7分加熱する。

6 弱火にし、Cを加えて全体をかき混ぜながら3分ほど加熱する。

〜〜〜〜〜〜〜〜〜〜〜〜〜〜〜〜〜
スープや鍋の具材に
スープや鍋の具材として使っても。しょうがで身体もあたたまります。

にんにくを入れて、食欲そそる一品に！

中華風肉団子 [冷凍 **3** 週間]

材料（4人分）

豚ひき肉……400g

長ねぎ……1/2本

A｜片栗粉……大さじ2

　｜すりおろししょうが・
　｜酒……各大さじ1

　｜すりおろしにんにく
　｜……小さじ1

　｜塩……小さじ1/4

B｜水……800mℓ

　｜白すりごま……大さじ4

　｜しょうゆ・みそ・顆粒
　｜鶏がらスープの素・
　｜ごま油
　｜……各大さじ1

　｜すりおろしにんにく・
　｜豆板醬
　｜……各小さじ1

もやし……2袋

玉ねぎは炒めなくてOK！こねて成形するだけ

ポークハンバーグ [冷凍 **3** 週間]

材料（4人分）

豚ひき肉……500g

玉ねぎ……1/2個

A｜パン粉……大さじ6

　｜塩……小さじ1/2

　｜こしょう
　｜……小さじ1/4

B｜トマトケチャップ・
　｜中濃ソース
　｜……各大さじ2

サラダ油……小さじ1

＊こしょうは、粗びき、粉末
のどちらでも可。

＊中濃ソースは、お好み焼
きソース、たこ焼きソース、
とんかつソースで代用可。

作り方 🕐 5分

〔下ごしらえ〕

1 玉ねぎはみじん切りにする。

〔冷凍する〕

2 ボウルにひき肉、A、1を入れてこねるように混ぜ合わせ、まとまったら4等分にして小判形に成形する。

3 1個ずつラップで包み、冷凍用保存袋に入れ、袋の空気を抜いて口を閉じ、冷凍する。

肉汁のうま味がダイレクトに感じられる肉団子は、スープの具として入れれば、
ボリューム感が一気にアップ。ハンバーグは冷凍しておけば、忙しいときの救世主に。

好みの野菜を加えて
煮込みやスープをアレンジ！

作り方 🕐 5分

下ごしらえ

1 長ねぎはみじん切りにする。

冷凍する

2 冷凍用保存袋にA、1、ひき肉を入れて全体をよく揉み込み、平らにならす。袋の空気を抜いて口を閉じ、袋の上から包丁の背で16分割して冷凍する。

当日調理 🕐 20分

半解凍して加熱

3 半解凍した2を丸めて成形する。

4 鍋にBを入れ、混ぜ合わせて3を加え、蓋をして中火にかける。沸騰したら弱めの中火にし、10分ほど加熱する。

5 もやしを加え、蓋をして中火にし、沸騰するまで2〜3分加熱する。底から全体をかき混ぜて火を止める。

ピリ辛ごま味みそ煮込みに
もやしとみそと一緒に煮込んでピリ辛ごま味のみそ煮込みに。熱々の肉団子とピリ辛味が寒い日にぴったり。

豚ひき肉 ｜ 味つけ冷凍

シンプルなハンバーグだから、
チーズをのせたアレンジも◎

当日調理 🕐 15分

冷蔵庫で解凍して加熱

4 フライパンにサラダ油を薄くひき、使う24時間前に冷蔵庫に移して解凍した3を入れて中火にかけ、4〜5分加熱する。

5 焼き色がついたらひっくり返し、蓋をして弱火にし、7〜8分加熱して器に盛る。

6 同じフライパンにBを入れ、混ぜながら沸騰するまで30秒ほど煮詰め、5にかける。

煮込みハンバーグに
トマト缶やしめじと一緒に煮込んで煮込みハンバーグにするのもおすすめ。子どもも喜ぶボリュームのある一品に。

だしを加えて味がしみた
ほっとする味わい

じゃがいもの甘辛そぼろ煮

［冷蔵 **5** 日］

材料（4人分）

豚ひき肉……300g

じゃがいも……4個

A	だし汁……400mℓ
	砂糖……小さじ4
	すりおろししょうが・酒……各大さじ1

B	しょうゆ……大さじ3
	みりん……大さじ1

C	片栗粉・水……各大さじ1

＊だし汁は、水400mℓ＋顆粒和風だしの素小さじ1で代用可。

作り方 🕐 30分

下準備

1 じゃがいもは大きめの一口大に切る。Cは混ぜ合わせておく。

本調理

2 鍋にひき肉、Aを入れ、ヘラで切るようにして混ぜ合わせ、中火にかける。

3 沸騰したら全体を混ぜ、ひき肉の色が変わったらじゃがいもを加えて混ぜ、蓋をする。

4 沸騰したら弱めの中火にし、蓋を少しずらして15分ほど加熱する。Bを加えて混ぜ、蓋をして5〜6分加熱する。

5 弱火にしてCを加え、全体をかき混ぜながら2〜3分加熱し、とろみをつける。

ひき肉で作るそぼろは手軽で、火も通りやすいので忙しい人の味方。
ボリュームも感じられて、しかもごはんともよく合うので、子どものいる食卓には欠かせないおかずです。

コクのあるみそ味がおいしい！

肉みそ ［冷蔵**5**日／冷凍**1**ヶ月］

材料（4人分）

豚ひき肉……300g

長ねぎ……1本

A｜すりおろししょうが・すりおろし
　｜にんにく……各小さじ1

B｜水……100㎖
　｜酒……大さじ2

砂糖……大さじ1

しょうゆ……大さじ1

みそ……大さじ2

サラダ油……大さじ1

作り方 🕐 20分

[下準備]

1 長ねぎはみじん切りにする。

[本調理]

2 フライパンにサラダ油、Aを広
　げて弱めの中火にかけ、香りが
　出るまで1分ほど加熱する。1を
　加え、かき混ぜながら香りが出
　るまで1分ほど加熱する。

3 ひき肉を加え、全体を混ぜ、ひ
　き肉の色が変わったらさらに1
　〜2分加熱する。Bを加えて全
　体をかき混ぜ、中火にする。

4 沸騰したら7〜8分加熱し、煮
　汁が少なくなったら火を止め、
　残りの調味料を材料欄の順に
　加える。再び中火にかけてほぐ
　し、沸騰するまで混ぜながら1
　分ほど加熱する。

〜〜旬の野菜にのせて〜〜

焼いたなすやピーマンなど旬の野菜に
のせて食べても。1年を通しておいしく
いただけます。

とろみがついたしょうゆ味のほっとするやさしい味わい

かぶのそぼろ煮 ［冷蔵**5**日／冷凍**1**ヶ月］

材料（4人分）

豚ひき肉……300g

かぶ……4〜5個

A｜だし汁……400㎖
　｜砂糖……小さじ4
　｜酒……大さじ1
　｜すりおろししょうが……小さじ1

B｜しょうゆ……大さじ3
　｜みりん……大さじ1

C｜片栗粉・水……各大さじ2

＊だし汁は、水400㎖＋顆粒和風だしの素
小さじ1で代用可。

作り方 🕐 20分

[下準備]

1 かぶは厚めに皮をむき、実は大き
　めの一口大、葉は4〜5㎝幅に切
　る。Cは混ぜ合わせておく。

[本調理]

2 フライパンにAを入れ、混ぜ合わ
　せる。ひき肉を加えて混ぜ合わせ、
　中火にかける。

3 沸騰したら、混ぜ合わせてひき肉
　の色が変わったらかぶの実を加え
　て全体をかき混ぜ、蓋をする。

4 沸騰したら弱めの中火にし、6〜7
　分加熱する。かぶに竹串がスッと
　通ったらBを加え、混ぜて蓋をし、
　5〜6分加熱する。

5 弱火にし、Cを加えて混ぜ、かぶ
　の葉を加えて混ぜる。蓋をして蒸
　気が出るまで2〜3分加熱し、全体
　をかき混ぜる。

豚ひき肉｜冷蔵作りおき

あっさりとした鶏ひき肉にしいたけのうま味が合う!

具だくさん鶏そぼろ
[冷凍 **3** 週間]

材料(4人分)

鶏ひき肉……400g
玉ねぎ……1個
にんじん……1本
しいたけ……4枚
A | しょうゆ……大さじ5
みりん……大さじ2
すりおろししょうが・
砂糖……各大さじ1
水……100mℓ

下ごしらえ 🕐 5分

1 玉ねぎ、にんじん、しいたけはみじん切りにする。

冷凍する

2 冷凍用保存袋にA、1、ひき肉を入れて全体をよく揉み込み、平らにならす。袋の空気を抜いて口を閉じ、冷凍する。

好みでしょうがをさらにきかせてもおいしい!

鶏つくね [冷凍 **3** 週間]

材料(4人分)

鶏ひき肉……400g
長ねぎ……1本
A | 片栗粉……大さじ2
酒……大さじ1
すりおろししょうが
……小さじ1
塩……小さじ1/4
B | しょうゆ……大さじ3
砂糖……小さじ4
みりん……大さじ1
サラダ油……小さじ2

下ごしらえ 🕐 5分

1 長ねぎはみじん切りにする。

冷凍する

2 冷凍用保存袋にA、1、ひき肉を入れて全体をよく揉み込み、平らにならす。袋の空気を抜いて口を閉じ、袋の上から包丁の背で16分割して冷凍する。

あっさりとした鶏ひき肉は、シンプルな味つけにしつつ甘みをしっかり加えることで、
鶏肉のうま味が引き立ちます。調味料をしっかりなじませるのがポイント。

にんじんの
代わりに
ピーマンを入れても◎

当日調理 🕐 20分
凍ったまま加熱

3 フライパンに凍ったままの**2**、水を入れる。

4 蓋をして弱めの中火にかけ、15分ほど加
熱し、蓋を外して、水けが飛ぶまでほぐし
ながら炒める。

子どもでも食べやすい副菜に
ゆでた小松菜などの野菜にかければ、子どもでもおい
しく食べられる副菜に。野菜が苦手でも、そぼろの味
で食べやすくなります。

甘じょっぱくて、
あと引く味わい！

当日調理 🕐 20分
半解凍して加熱

3 半解凍した**2**を丸めて成形する。

4 ボウルに**B**を混ぜ合わせておく。

5 フライパンにサラダ油を薄くひき、**3**のたね
を入れて中火にかけ、転がしながら5～6
分加熱する。焼き色がついたら蓋をして弱
火にして10分ほど加熱する。

6 つくねの底面にヘラを入れてはがしてか
ら**4**を加え、1～2回転がしながら、全体に
タレをからめる。

青じそで巻いて
青じそで巻いてさっぱり食べるのもおすすめ。大根お
ろしをのせたり、卵黄につければお酒もすすむ一品に。

おかずにはもちろん、お弁当にも大人気のおかず

チキンミートボール ［冷凍 **3** 週間］

材料（4人分）

鶏ひき肉……400g
玉ねぎ……1個

A | パン粉……大さじ4
　| 酒……大さじ1
　| 顆粒コンソメスープ
　| 　の素……小さじ1
　| 塩・こしょう
　| 　……各小さじ1/4

B | 水……100mℓ
　| トマトケチャップ
　| 　……大さじ3
　| みりん……大さじ2
　| しょうゆ……小さじ4

＊こしょうは、粗びき、粉末
のどちらでも可。

作り方 🕐 5分

［下ごしらえ］

1　玉ねぎはみじん切りにする。

［下味をつける］

2　冷凍用保存袋にA、1、ひき肉を入れて全体をよく揉み込み、平らにならす。袋の空気を抜いて口を閉じ、袋の上から包丁の背で16分割して冷凍する。

小さい子どもにも◎。手作りならではの安心感を

チキンナゲット ［冷凍 **3** 週間］

材料（4人分）

鶏ひき肉……400g

A | 片栗粉……大さじ4
　| マヨネーズ
　| 　……大さじ2
　| 酒……大さじ1
　| しょうゆ……小さじ2
　| すりおろしにんにく
　| 　……小さじ1
　| こしょう
　| 　……小さじ1/4

サラダ油……適量
サニーレタス……4枚

＊こしょうは、粗びき、粉末
のどちらでも可。

作り方 🕐 5分

［冷凍する］

1　冷凍用保存袋にA、ひき肉を入れて全体をよく揉み込み、平らにならす。袋の空気を抜いて口を閉じ、袋の上から包丁の背で16分割して冷凍する。

淡白な味の鶏ひき肉は、甘辛ダレのしっかり味や、ケチャップを使った洋風とも相性抜群。
パン粉やマヨネーズを加えれば、ふっくら感もバッチリです。

パン粉を入れて
ふっくらとした
食感に！

【当日調理】 🕐 15分

半解凍して加熱

3 半解凍した**2**を丸めて成形する。

4 フライパンに**B**を入れ、混ぜ合わせて**3**を加え、蓋をして強めの中火にかける。沸騰したら中火にし、7〜8分加熱する。

5 ミートボールの底面にヘラを入れてはがしてからひっくり返し、2〜3分加熱し、煮汁が少なくなったら火を止める。

仕上げにバターを加えて
仕上げにバターや溶けるチーズを加えれば、こってり濃厚な味わいに。ひと味違うミートボールが楽しめます。

鶏ひき肉 ｜ 味つけ冷凍

【当日調理】 🕐 15分

半解凍して加熱

2 半解凍した**1**を丸めて成形する。

3 フライパンにサラダ油を底から1cmほど入れて中火にかけ、160〜170℃に加熱する。**2**の半量を入れて薄いきつね色になるまでときどき転がしながら4分ほど揚げ、油をきって5分ほど休ませる。同様に残りの**2**も揚げて油をきる。

4 **3**の半量を再びサラダ油に入れ、濃いきつね色になるまで2分ほど揚げ、油をきる。同様に残りの**3**も揚げて油をきる。

5 器に盛り、サニーレタスを添える。

キッシュの具材に
耐熱容器に刻んだナゲットと卵液を流し入れてバターをのせ、トースターで焼いてキッシュ風に。熱々でも冷めてもおいしくいただけます。

パクパク食べちゃう！
好みで
ケチャップを添えて

だしがしみ込んだ大根に、
たっぷりのそぼろで大満足

大根のそぼろ煮

［冷蔵 **4** 日／冷凍 **1** ヶ月］

材料（4人分）

鶏ひき肉……300g

大根……1/2本

A だし汁……400mℓ
砂糖……小さじ4
酒……大さじ1

B しょうゆ……大さじ3
みりん……大さじ1

C 片栗粉・水……各大さじ2

＊だし汁は、水400mℓ＋顆粒和風だし
の素小さじ1で代用可。

作り方 🕐 50分

下準備

1 大根は3cm幅に切って厚めに皮
をむき、半分に切る。

2 大根を鍋に入れ、かぶるくらい
の水（分量外）を加えて蓋をし、強
火にかける。沸騰したら弱めの
中火にし、竹串が軽く通る程度
に10分ほど煮て、水にさらす。
Cは混ぜ合わせておく。

本調理

3 フライパンに**A**、ひき肉を加えて
混ぜ合わせ、中火にかける。

4 沸騰したら、全体を混ぜ合わせ
てひき肉の色が変わったら水け
をきった大根を加えて混ぜ、蓋
をする。

5 さらに沸騰したら弱めの中火に
し、10分ほど加熱する。大根に
竹串がスッと通ったら**B**を加え、
全体を混ぜ合わせて蓋をし、5
〜6分加熱する。

6 弱火にし、**C**を加えて混ぜ合わ
せながら3分ほど加熱する。

あっさりとしている鶏ひき肉でも、うま味はしっかりとあります。
そぼろ煮やあんかけにすれば、食材やスープに味がしみ込んで、ごはんがすすむ一品に。

ホクホクと甘辛味のかぼちゃに、あっさり鶏ひき肉が合う
かぼちゃの鶏そぼろあん ［冷蔵**5**日／冷凍**1**ヶ月］

材料（4人分）

鶏ひき肉……300g

かぼちゃ……1/2個（正味600〜800g）

A｜だし汁……400mℓ
　｜酒……大さじ2
　｜すりおろししょうが……大さじ1

B｜しょうゆ……大さじ3
　｜みりん……大さじ2

C｜片栗粉・水……各大さじ1

＊だし汁は、水400mℓ＋顆粒和風だし
の素小さじ1で代用可。

作り方 🕒 20分

下準備

1 かぼちゃは種とワタを取り除き、
　皮ごと3〜4cm角に切る。Cは混
　ぜ合わせておく。

本調理

2 鍋にひき肉、Aを入れ、ヘラで
　切るようにして混ぜ合わせ、中
　火にかける。

3 沸騰したら全体を混ぜ合わせ
　てひき肉全体の色が変わった
　ら、かぼちゃを加えて混ぜ、蓋
　をする。

4 さらに沸騰したら、弱めの中火
　にし、蓋を少しずらして6〜7分
　加熱する。

5 かぼちゃに竹串がスッと通った
　ら、Bを加えて全体を混ぜ、蓋
　をして3〜4分加熱する。

6 弱火にしてCを加え、かき混ぜ
　ながら2〜3分加熱し、とろみを
　つける。

のっけ弁にして、しっかり焼いた
目玉焼きをのせて！
ガパオ風ソテー
［冷蔵**5**日／冷凍**1**ヶ月］

材料（4人分）

鶏ひき肉……300g

ピーマン……2個

パプリカ（赤・黄）……各1個

玉ねぎ……1個

A｜しょうゆ・オイスターソース
　｜……各大さじ2
　｜ウスターソース……大さじ1
　｜すりおろしにんにく・砂糖
　｜……各小さじ1

作り方 🕒 20分

下準備

1 ピーマン、パプリカ、玉ねぎは
　みじん切りにする。

本調理

2 フライパンにA、1、ひき肉を入
　れ、ヘラで切るようにして混ぜ
　合わせ、蓋をして中火にかける。

3 蒸気が出たら、混ぜ合わせなが
　ら4〜5分加熱し、煮汁が少なく
　なったら火を止める。

鶏ひき肉｜冷蔵作りおき

ある週末の作りおき＆食べきりアイデア① ［週末＋平日仕込み編］

週末に作りおきすると、平日ラクできるおすすめメニューをピックアップ。
食べ盛りのお子さんがいるご家庭に向けて、ボリューム満点の作りおき＆食べきりアイデアを紹介します。

平日に追加で仕込んでもOK！
主菜5品＋副菜3品の作りおき

味つけ冷凍、ちょこっと仕込み、冷蔵作りおきのボリューミーな主菜をメインに、パパッとできる副菜も一緒に作りおきしましょう。基本は土曜日に買い物へ行き、日曜日に作りおきをすると、余裕をもってできるのでおすすめですが、平日に時間のある主婦の方であれば、週末は6品作りおきしておき、水曜あたりに2品追加で冷蔵作りおきを作るのもおすすめです。

❶ 味つけ冷凍｜鮭と野菜のホイル焼き（P110）

❷ ちょこっと仕込み｜鶏のから揚げ（P28）

❸ 冷蔵作りおき｜鶏もも肉とれんこんのヤンニョム風（P30）

❹ 冷蔵作りおき｜鶏ささみとしめじのガリバタじょうゆ炒め（P43）

❺ 冷蔵作りおき｜さば缶のトマト煮（P125）　｝水曜に追加で仕込んでもOK

❻ 野菜1つでパパッと副菜｜もやしのナムル（P168）

❼ 野菜1つでパパッと副菜｜ほうれん草のごまあえ（P179）

❽ 野菜1つでパパッと副菜｜玉ねぎのさっぱりおひたし（P180）

土曜に買い物、日曜に作りおき

平日にお弁当と夕食で食べきるアイデア

	お弁当	夕食
月曜	❸鶏もも肉とれんこんのヤンニョム風 ❼ほうれん草のごまあえ ❽玉ねぎのさっぱりおひたし	❷鶏のから揚げ
火曜	❷鶏のから揚げ ❻もやしのナムル ❼ほうれん草のごまあえ	❶鮭と野菜のホイル焼き ＋サラダ（レタス、トマト、ゆで卵などで簡単に） ＋スープ（みそ汁などで簡単に）
水曜	❹鶏ささみとしめじのガリバタじょうゆ炒め ❼ほうれん草のごまあえ ❽玉ねぎのさっぱりおひたし	❸鶏もも肉とれんこんのヤンニョム風×チーズでタッカルビ風にアレンジ ❻もやしのナムル ＋スープ（鶏がらスープの素などで簡単に）
木曜	❺さば缶のトマト煮×ごはんでのっけ弁 ❼ほうれん草のごまあえ	❺さば缶のトマト煮×パスタ ＋サラダ（レタス、ハム、パプリカなどで簡単に）
金曜	❶鮭と野菜のホイル焼き ×ごはん のっけ弁 ＋ミニトマト	❹鶏ささみとしめじのガリバタじょうゆ炒め×チーズ追加アレンジ ＋サラダ（レタス、アボカド、トマトなどで簡単に） ＋スープ（コンソメスープの素などで簡単に）

主菜なら週2回、副菜なら週3回ぐらいの頻度で組み合わせれば、飽きずに食べることができます。

のっけ弁にすると、簡単にアレンジできて変化も楽しめます。

お弁当は具だくさん、または味つけの濃い副菜を固定すると献立が組みやすいです。

おかずはパスタソースにしたり、チーズやマヨネーズなどとフライパンやオーブンで焼けば簡単にアレンジ可能です。

作りおきドレッシング＆ソース①

和食や洋食に合う万能ドレッシングとソースを紹介します。
サラダにかけるだけではなく、肉や魚、パスタにかけてソースとして使うのもおすすめです。

にんじんの優しい風味が魚にも肉にも合う！

にんじんドレッシング［冷蔵1週間］

材料（4人分）
にんじん……1本
玉ねぎ……1/4個
A｜酢・しょうゆ・オリーブオイル……各大さじ2
　｜砂糖……大さじ1と1/2

作り方 ⏱5分

1 にんじんは皮ごと3〜4cm長さに切り、玉ねぎは3〜4cm角に切る。

2 フードプロセッサーに1を入れ、5秒ほどかける（フードプロセッサーがない場合はすりおろす）。

3 Aを加え、5秒ほどかける（フードプロセッサーがない場合はボウルにAとともに入れてよく混ぜる）。

魚にかけて
グリルした好みの魚にかけても。脂ののった魚もさっぱりいただけます。

かけるだけでどんな料理もメキシコ風に！

サルサ・メヒカーナ［冷蔵5日］

材料（4人分）
トマト……2個
ピーマン……2個
青唐辛子……1本
玉ねぎ……1/2個
にんにく……1かけ
パクチー……1束
A｜レモン汁（またはライム汁）……大さじ1
　｜塩……小さじ1

＊にんにくは、すりおろしにんにく小さじ1でも可。
＊青唐辛子は、みじん切りにした赤唐辛子小さじ1、またはタバスコ小さじ1/2で代用可。

作り方 ⏱5分（おく時間は除く）

1 トマトは粗みじん切りにする。ピーマン、青唐辛子は縦半分に切り、種ごと粗みじん切りにする。玉ねぎ、にんにく、パクチーは粗みじん切りにする。

2 ボウルに1、Aを入れて混ぜ合わせ、野菜からたっぷりと水けが出るまで冷蔵庫で半日（12時間）〜1日（24時間）おく。

タコスにかけて
タコスに好みの肉をのせてソースとしてかければ、野菜もたっぷりとれる一品に。

コク深い味わいなので、さっぱりした料理に！

焦がし玉ねぎドレッシング［冷蔵10日］

材料（4人分）
玉ねぎ……1個
A｜酢・しょうゆ……各大さじ2
　｜砂糖……大さじ1
オリーブオイル……大さじ3

作り方 ⏱25分

1 玉ねぎはみじん切りにする。

2 フライパンにオリーブオイル、1を入れて全体を混ぜ合わせ、蓋をする。弱めの中火にかけ、9〜10分そのまま加熱する。

3 全体を混ぜ合わせてなじませ、蓋をして10分ほど加熱する。

4 さらに全体を混ぜ合わせ、所々きつね色になっていたら、火を止める。Aを加えて全体をかき混ぜる。

刺身にかけて
刺身にかければ、焦がした玉ねぎのコクとさっぱりした魚がマッチ。

Part

2

肉以外のたんぱく源！

魚&豆・大豆製品の
おいしい作りおき

肉以外にも、たんぱく質をとることができる魚介類や大豆製品を紹介。
豆・大豆製品はたんぱく質をとれる主菜としてだけではなく、
副菜としても使えます。

鮭とボリュームたっぷりの野菜で大満足！

鮭と野菜のしょうゆ漬け
[冷凍 **3** 週間]

材料(4人分)

鮭(切り身)
……4切れ(80〜100g×4)

玉ねぎ……1個

キャベツ……1/4個

にんじん……1本

ぶなしめじ……100g

A | しょうゆ・酒・みりん
　　……各大さじ3
　 | 片栗粉……大さじ2

水……100mℓ

サラダ油……小さじ2

作り方 🕐5分

[下ごしらえ]

1 鮭は3等分に切る。

2 玉ねぎは縦半分に切り、繊維に沿って7mm幅に切る。キャベツは3〜4cm角に切る。にんじんは4〜5cm長さ、7mm幅の細切りにする。ぶなしめじはほぐす。

[冷凍する]

3 冷凍用保存袋にA、1を入れて軽く揉み込み、2を加えて平らにならす。袋の空気を抜いて口を閉じ、冷凍する。

きのこのうま味にバターの組み合わせがたまらない

鮭ときのこのバター焼き
[冷凍 **3** 週間]

材料(4人分)

鮭(切り身)……4切れ(80〜100g×4)

ぶなしめじ……100g

えのきだけ……200g

玉ねぎ……1個

キャベツ……1/4個

A | バター……30g
　 | しょうゆ……大さじ3
　 | 片栗粉……大さじ2
　 | 砂糖・みりん……各大さじ1
　 | すりおろしにんにく
　　……小さじ1
　 | 粗びき黒こしょう
　　……小さじ1/2

水……100mℓ

サラダ油……小さじ2

パセリ……1本

作り方 🕐5分

[下ごしらえ]

1 鮭は3等分に切る。

2 ぶなしめじはほぐし、えのきだけは3等分に切り、ほぐす。玉ねぎは縦半分に切り、繊維に沿って7mm幅に切る。キャベツは3〜4cm角に切る。

[冷凍する]

3 冷凍用保存袋にA、1を入れて軽く揉み込み、2を加えて平らにならす。袋の空気を抜いて口を閉じ、冷凍する。

鮭は焼き鮭とムニエルばかり…とレパートリー展開に悩んでいる方も多いのでは？
骨も魚臭さも少ない鮭は、子どものいる食卓にもおすすめの食材です。

鮭に火を通して
ふっくらと
蒸し焼きにして

当日調理 ⏱ 35分

凍ったまま加熱

4 フライパンにサラダ油を薄くひき、凍ったままの**3**、水を入れて軽くほぐす。蓋をして弱めの中火にかけ、20分ほど加熱する。

5 蒸気が出はじめたら、ヘラで切るようにして全体を混ぜ合わせ、蓋をして10分ほど加熱する。蓋を開け、全体を混ぜ合わせながら、1〜2分炒める。

チーズを加えて焼いて
溶けるチーズを加えてフライパンで蒸し焼きにしても。
コクがプラスされてごはんのすすむ味つけに。

鮭｜味つけ冷凍

やみつきになる
しょうゆバターで
石狩鍋風味に

当日調理 ⏱ 35分

凍ったまま加熱

4 フライパンにサラダ油を薄くひき、凍ったままの**3**、水を入れて軽くほぐす。蓋をして弱めの中火にかけ、20分ほど加熱する。

5 蒸気が出はじめたら、ヘラで切るようにして全体を混ぜ合わせ、蓋をして10分ほど加熱する。蓋を開け、全体を混ぜ合わせながら、1〜2分炒める。

6 器に盛り、みじん切りにしたパセリを散らす。

グラタンに
ホワイトソースとチーズをかけ、オーブンで焼いてグラタンに。お魚が苦手な子どももおいしくいただけます。

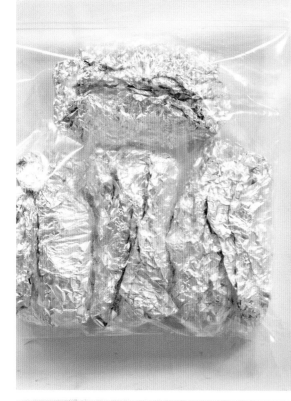

ホイル焼きとマヨネーズで鮭がしっとりふっくら！

鮭と野菜のホイル焼き［冷凍**3**週間］

材料（4人分）

鮭（切り身）
……4切れ（80～100g×4）

玉ねぎ……1個

ピーマン……2個

パプリカ（赤・黄）……各1/2個

えのきだけ……200g

まいたけ……1パック

A｜マヨネーズ……大さじ4
　｜しょうゆ……小さじ4

水……200mℓ

作り方 🕐 5分

【下ごしらえ】

1 玉ねぎは縦半分に切り、繊維に沿って7mm幅に切る。ピーマン、パプリカは7mm幅の細切りにする。えのきだけ、まいたけはほぐす。

2 アルミホイルを二重にし、その上に4等分にした玉ねぎ、えのきだけ、まいたけを順に入れて鮭1切れをのせ、4等分にしたA、ピーマン、パプリカを順にのせる。アルミホイルで包み、両端を折り込む。これを4個作る。

【冷凍する】

3 冷凍用保存袋に2を入れ、袋の空気を抜いて口を閉じ、冷凍する。

ふわふわの鮭に歯応えのある野菜を組み合わせて

鮭と野菜のみそ漬け［冷凍**3**週間］

材料（4人分）

鮭（切り身）
……4切れ（80～100g×4）

かぼちゃ……1/4個

れんこん……1/2節（100g）

A｜みりん・みそ
　｜……各大さじ4
　｜酒……大さじ2

水……100mℓ

サラダ油……小さじ2

作り方 🕐 5分

【下ごしらえ】

1 鮭は3等分に切る。

2 かぼちゃは種とワタを取り除き、皮ごと7mm厚さ、3～4cm幅に切る。れんこんは7mm厚さの半月切りにする。

【冷凍する】

3 冷凍用保存袋にA、1を入れて軽く揉み込み、2を加えて平らにならす。袋の空気を抜いて口を閉じ、冷凍する。

鮭は高たんぱくなうえ、赤色の成分であるアスタキサンチンは疲労回復や動脈硬化の予防に効果的。
毎日忙しく働いている人には、ぜひ取り入れてほしい食材です。

きのこや
レモンを入れたり
具材を変えても◎

当日調理 ⏱ 35分

凍ったまま加熱

4 フライパンに凍ったままの**3**をホイルごと並べて水を入れる。

5 蓋をして中火にかけ、沸騰したら弱めの中火にし、ホイルから香りが立つまで30分ほど（途中で水が少なくなったら適宜足して）加熱する。

魚のうま味たっぷりのドリアに
冷やごはんにのせて、バター、溶けるチーズを加えてトースターで焼けば、濃厚なドリアに。がっつり食べたいときにおすすめの一品。

鮭 ── 味つけ冷凍

みそ漬けの
コク深さは
何度も食べたくなる！

当日調理 ⏱ 35分

凍ったまま加熱

4 フライパンにサラダ油を薄くひき、凍ったままの**3**、水を入れて軽くほぐす。蓋をして弱めの中火にかけ、20分ほど加熱する。

5 蒸気が出はじめたら、ヘラで切るようにして全体を混ぜ合わせ、蓋をして10分ほど加熱する。蓋を開け、混ぜ合わせながら、1〜2分炒める。

クリームみそパスタに
牛乳とチーズ、ゆでたパスタを加えてクリームみそパスタに。みそのうま味が溶け出て、子どもも大人も大好きな味わいに。

ホクホクのじゃがいもにたっぷりの鮭を
香ばしいしょうゆバターで炒めて

鮭とじゃがいもの しょうゆバター

［冷蔵 **5** 日］

材料（4人分）

鮭（切り身）……4切れ（400g）
じゃがいも……4個
片栗粉……大さじ2
水……200ml
しょうゆ……大さじ2
バター……30g

作り方 🕐 20分

［下準備］

1 鮭は3等分に切り、片栗粉をまぶす。じゃがいもは大きめの一口大に切る。

［本調理］

2 フライパンにバターを入れて中火にかけ、バターが溶けたら弱めの中火にし、1を入れる。蓋をして蒸気が出るまで10分ほど加熱する。

3 焼き色がついたら底から全体をかき混ぜ、水を加える。蓋をして蒸気が出たら7〜8分加熱する。

4 じゃがいもに竹串がスッと通ったら、しょうゆを加え、底からかき混ぜて煮汁をからめる。

みそ汁に入れるだけだった鮭のあらも、うま味たっぷりのおかずになります。
酒蒸しにすればふっくら美味。鮭の塩けで野菜もすすみます。

骨つきでうま味たっぷり＆
安く買えるのもうれしいポイント！

鮭のあら煮 ［冷蔵**5**日／冷凍**1**ヶ月］

材料（4人分）
鮭（あら）……400g
塩……小さじ1/2
A｜酒……200mℓ
　｜しょうゆ・みりん……各小さじ4

作り方 ⏱ 40分

【下準備】

1 鮭は3〜4cm角に切る。塩をふり、軽く揉み込んで10分ほどおく。

2 鍋に水1.5ℓ（分量外）を入れて沸かし、火を止める。1を流水で洗い、湯に入れて10秒ほどおいたらざるにあげ、たっぷりの水につけて冷ます。

3 ぬめりなどを指でこすって洗い落とし、ざるにあげる。

【本調理】

4 フライパンに3、Aを入れ、蓋をして強めの中火にかける。沸騰したら中火にし、蓋を少しずらして20分ほど加熱する。

5 煮汁がほとんどなくなったら、底からかき混ぜて煮汁をからめる。

〜〜〜〜〜
あら汁に
好みの野菜とだし汁、みそを加えてあら汁にすれば、あらのだしがよく出て美味。寒い日や疲れた日に体の芯からあたたまる一品に。

鮭としょうゆの和風テイストは
一発で味が決まる！

鮭とキャベツの
にんにくじょうゆ
［冷蔵**5**日／冷凍**1**ヶ月］

材料（4人分）
鮭（切り身）……4切れ（400g）
キャベツ……1/2個
片栗粉……大さじ3
酒……大さじ3
A｜しょうゆ……大さじ3
　｜砂糖・みりん……各大さじ1
　｜すりおろしにんにく……小さじ2
　｜粗びき黒こしょう……小さじ1/2
サラダ油……小さじ2

作り方 ⏱ 20分

【下準備】

1 鮭は3等分に切り、片栗粉をまぶす。

2 キャベツは一口大のざく切りにする。Aは混ぜ合わせておく。

【本調理】

3 フライパンにサラダ油を薄くひき、1を入れてキャベツをほぐしながら加える。酒を回し入れて蓋をし、7〜8分加熱する。

4 キャベツがしんなりとしたら、底からかき混ぜてAを回し入れ、全体を混ぜ合わせながら、1〜2分炒める。

鮭｜冷蔵作りおき

甘辛いタレとぶりのうま味でごはんを誘う！

ぶりの照り焼き [冷凍**3**週間]

材料（4人分）

ぶり（切り身）……4切れ（400g）

長ねぎ……2本

A│ しょうゆ・酒・みりん
　　……各大さじ2

　│ 砂糖・片栗粉
　　……各大さじ1

水……100mℓ

サラダ油……小さじ2

作り方 🕐 5分

[下ごしらえ]

1 ぶりは2〜3等分に切る。

2 長ねぎは4〜5cm長さに切る。

[冷凍する]

3 冷凍用保存袋にA、1を入れて軽く揉み込み、2を加えて平らにならす。袋の空気を抜いて口を閉じ、冷凍する。

ぶりの脂＆ガリバタのこってりおかずに！

ぶりと野菜の
ガリバタ炒め [冷凍**3**週間]

材料（4人分）

ぶり（切り身）……4切れ（400g）

キャベツ……1/4個

ぶなしめじ……100g

A│ バター……30g

　│ しょうゆ・酒
　　……各大さじ2

　│ みりん・片栗粉
　　……各大さじ1

　│ すりおろしにんにく
　　……小さじ1

　│ 粗びき黒こしょう
　　……小さじ1/2

水……100mℓ

サラダ油……小さじ2

作り方 🕐 5分

[下ごしらえ]

1 ぶりは3等分に切る。

2 キャベツは一口大に切り、しめじはほぐす。

[冷凍する]

3 冷凍用保存袋にA、1を入れて軽く揉み込み、2を加えて平らにならす。袋の空気を抜いて口を閉じ、冷凍する。

脂がのっておいしく、1年中手に入るぶりは、魚介類ではぜひ取り入れてほしい食材。
煮つけや照り焼きが定番ですが、バターで炒めて洋風仕立てにすればレパートリーも広がります。

長ねぎはとろっとして欠かせない脇役！

当日調理　⏱20分

凍ったまま加熱

4 フライパンにサラダ油を薄くひき、凍ったままの3、水を入れる。蓋をして中火にかけ、15分ほど加熱する。

5 焼き目がついたらひっくり返すように底からかき混ぜ、蓋をして5〜6分加熱する。

混ぜごはんに
ほぐしてあたたかいごはんに加えて混ぜごはんに。せん切りしたしょうがを加えれば、さっぱりいただけます。

ぶり｜味つけ冷凍

好みで粗びき黒こしょうをさらにきかせても◎

当日調理　⏱30分

凍ったまま加熱

4 フライパンにサラダ油を薄くひき、凍ったままの3、水を入れる。蓋をして中火にかけ、15分ほど加熱する。

5 蒸気が出はじめたら、ヘラで切るようにして全体を混ぜ合わせ、蓋をして10分ほど加熱する。蓋を開け、全体を混ぜ合わせながら、1〜2分炒める。

チーズを加えて焼いて
溶けるチーズを加えてオーブンで焼けば、子どももおいしく食べられます。ガリバタ味がこんがり焼けたチーズと相性抜群。

ぶりは調理の前に切ると、崩れ防止に◎

ぶりの野菜あんかけ

［冷凍 **3** 週間］

材料（4人分）

ぶり（切り身）……4切れ（400g）
にんじん……1本
玉ねぎ……1/2個
ピーマン……2個
A│砂糖・酢・しょうゆ・
　│酒……各大さじ2
　│みりん・片栗粉
　│……各大さじ1
だし汁……100mℓ
サラダ油……小さじ2
＊だし汁は、水100mℓ＋顆
粒和風だしの素小さじ1/4
で代用可。

作り方　🕐 5分

下ごしらえ

1 ぶりは3等分に切る。

2 にんじんは4〜5cm長さ、
5mm幅の細切り、玉ねぎ
は縦半分に切り、繊維に
沿って5mm幅の薄切り、
ピーマンは5mm幅の細切
りにする。

冷凍する

3 冷凍用保存袋にA、1入
れて軽く揉み込み、2を
加えて平らにならす。袋
の空気を抜いて口を閉
じ、冷凍する。

漬け込めば、臭み抜きにもなって食べやすくなる！

ぶりのから揚げ ［冷凍 **3** 週間］

材料（4人分）

ぶり（切り身）……4切れ（400g）
A│片栗粉……大さじ3
　│しょうゆ・酒
　│……各大さじ2
　│すりおろししょうが・
　│みりん……各大さじ1
　│すりおろしにんにく
　│……小さじ2
サラダ油……適量
サニーレタス……4枚
レモン……1/4個

作り方　🕐 5分

下ごしらえ

1 ぶりは2〜3等分に切る。

冷凍する

2 冷凍用保存袋にA、1
を入れて軽く揉み込み、
平らにならす。袋の空
気を抜いて口を閉じ、
冷凍する。

ぶりはうま味が強く、冷めてもおいしいので、お弁当のおかずやおつまみにもおすすめです。
脂ものっているので、酢で調味したり、レモンをかけたりするとさっぱりと食べられます。

甘酸っぱいあんが
たっぷりからんだ
野菜をのせて！

当日調理 🕐 30分
凍ったまま加熱

4 フライパンにサラダ油を薄くひき、凍ったままの**3**、だし汁を入れる。蓋をして中火にかけ、15分ほど加熱する。

5 蒸気が出はじめたら、ヘラで切るようにして全体を混ぜ合わせ、蓋をして10分ほど加熱する。蓋を開け、全体を混ぜ合わせながら、1〜2分炒める。

焼きうどんのあんかけに
油で焼いたうどんに、熱々のあんかけをかけても。ごろっとしたぶりが入っているので、食べ応えのあるメイン料理に。

ぶり｜味つけ冷凍

片栗粉を
まぶしているから、
当日はそのまま
揚げるだけ！

当日調理 🕐 10分
凍ったまま加熱

3 フライパンにサラダ油を底から3cmほど入れて中火にかけ、170℃に加熱する。凍ったままの**2**を入れ、ときどきひっくり返しながら、きつね色になるまで10分ほど揚げる。

4 器にちぎったサニーレタスを敷き、**3**を盛ってレモンを添える。

好みの調味料をつけて
そのまま食べればあっさりとしたしょうゆ味。マヨネーズやタルタルソース、カレー粉などで味変を楽しんで。

あらならではのうま味が
たっぷり。大根にもしみしみ！

ぶり大根
［冷蔵 **5**日／冷凍 **1**ヶ月］

材料（4人分）
ぶり（あら）……500g〜750g
大根……1/2本
しょうが……1かけ
塩……小さじ1
A｜水……400㎖
　｜酒……200㎖
　｜しょうゆ・みりん……各大さじ3
　｜砂糖……大さじ1

作り方 ⏱ 40分
【下準備】

1　ぶりはバットになるべく重ならないように並べ、全体に塩をふり、10分ほどおく。

2　1を流水で洗い、ざるにあげる。ボウルに冷水を入れておく。

3　鍋に水2ℓ（分量外）を入れて沸かし、強めの中火にしてぶりを入れる。10秒ほど加熱し、すぐに2の冷水につける。ぬめりなどを指でこすって洗い落とし、ざるにあげる。

4　大根は4〜5㎝の厚さに切り、厚めに皮をむいて4等分に切る。しょうがは皮ごとせん切りにする。

【本調理】

5　圧力鍋にA、しょうが、大根を並べて入れ、その上に3を並べる。

6　高圧にセットして加圧し、圧力がかかったら中火で7〜8分間加圧する。弱めの中火にして7〜8分間加圧し、火を止めて圧力が抜けるまで自然に冷ます。

ぶりは塩をふって臭みをしっかり抜いてから調理しておくと、作りおきしておいても数日間おいしくいただけます。
ぶり大根なら、あらまで余すことなくおいしくいただけます。

ぶりのうま味がだし汁に溶け込んで美味

ぶりと野菜の焼きびたし
[冷蔵**5**日／冷凍**1**ヶ月]

材料(4人分)
ぶり(切り身)……4切れ(400g)
塩……小さじ1/2
れんこん……1節(200g)
にんじん……1本
さやいんげん……8本
塩……小さじ2
片栗粉……大さじ1
A｜ だし汁……400mℓ
　｜ しょうゆ……大さじ4
　｜ みりん……大さじ2
サラダ油……大さじ2

作り方 🕐 25分

[下準備]

1 ぶりは3等分に切る。塩をふり、10分ほどおく。余分な水分を拭き取り、片栗粉をまぶす。

2 れんこんは5mm幅の半月切り、にんじんは5mm幅の細切り、さやいんげんは3等分に切る。

[本調理]

3 フライパンにサラダ油をひき、1、2を入れる。蓋をして弱めの中火にかけ、7〜8分加熱する。

4 軽く焼き色がついたらひっくり返し、蓋をして4〜5分加熱する。

5 Aを加えて沸騰したら1分ほど加熱して火を止める。

〰〰〰〰〰〰〰〰〰
ゆずの皮を加えて
せん切りにしたゆずの皮を加えると、ゆずの香りが広がり、大人の味に。おもてなしの一品にも。

甘辛いしょうゆベースのがっつりおかず

ぶりとじゃがいもの 甘辛炒め煮
[冷蔵**5**日／冷凍**1**ヶ月]

材料(4人分)
ぶり(切り身)……4切れ(400g)
塩……小さじ1/2
じゃがいも……4個
長ねぎ……1本
片栗粉……大さじ1
A｜ しょうゆ……大さじ3
　｜ 砂糖・みりん……各大さじ1
　｜ すりおろしにんにく……小さじ1
サラダ油……大さじ1

作り方 🕐 25分

[下準備]

1 ぶりは2〜3等分に切る。塩をふり、10分ほどおく。余分な水けを拭き取り、片栗粉をまぶす。

2 じゃがいもは一口大に切り、竹串がスッと通るまでゆでるか、耐熱容器に入れてふんわりラップをし、電子レンジで4分加熱する。長ねぎは4〜5cm長さの斜め切りにする。

[本調理]

3 フライパンにサラダ油をひき、1、2を入れる。蓋をして弱めの中火で7〜8分加熱する。

4 軽く焼き色がついたらひっくり返し、蓋をして4〜5分加熱する。

5 Aを加えて沸騰したら1分ほど加熱して火を止める。

ぶり｜冷蔵作りおき

ごぼうの香ばしさがさばにしみ込んで美味

さばのみそ煮 [冷凍3週間]

材料（4人分）

さば（3枚おろし）
……1尾分（400g）
ごぼう……1本
しょうが……1かけ
A│みそ……大さじ3
　│砂糖・酒・みりん
　│……各大さじ2
　│しょうゆ……小さじ2
水……200ml

作り方 ⏱5分

〔下ごしらえ〕

1 さばは半分に切り、皮目に十字の切り込みを入れる。

2 ごぼうは縦半分に切り、4～5cm長さに切る。しょうがは皮ごと薄切りにする。

〔冷凍する〕

3 冷凍用保存袋にA、1を入れて軽く揉み込み、2を加えて平らにならす。袋の空気を抜いて口を閉じ、冷凍する。

さばのうま味ににんにくじょうゆがマッチ！

さばのにんにくじょうゆ炒め [冷凍3週間]

材料（4人分）

さば（3枚おろし）
……1尾分（400g）
パプリカ（赤・黄）……各1/2個
ぶなしめじ……100g
A│しょうゆ……大さじ3
　│片栗粉……大さじ2
　│砂糖・みりん
　│……各大さじ1
　│すりおろしにんにく
　│……小さじ2
　│すりおろししょうが
　│……小さじ1
　│粗びき黒こしょう
　│……小さじ1/2
水……100ml
サラダ油……小さじ2

作り方 ⏱5分

〔下ごしらえ〕

1 さばは6等分に切る。

2 パプリカは3～4cm幅の角切り、ぶなしめじはほぐす。

〔冷凍する〕

3 冷凍用保存袋にA、1を入れて軽く揉み込み、2を加えて平らにならす。袋の空気を抜いて口を閉じ、冷凍する。

さばは鮮度が落ちるスピードが速いので、買って来たらすぐに味つけ冷凍が安心&ラクちん。
魚からだけではとれない栄養を、たっぷりの野菜でバランスよく取り入れて。

ごぼうの風味と
みそ味がマッチ。
さばと一緒にどうぞ!

さば｜味つけ冷凍

当日調理 🕐 20分
凍ったまま加熱

4 フライパンに凍ったままの**3**、水を入れる。
蓋をして中火にかけ、15分ほど加熱する。
その後、ときどきかき混ぜながら5〜6分加
熱する。

マヨネーズをかけて
冷ましてほぐしたさばにマヨネーズをかければ子ども
も喜ぶ魚料理に。おにぎりの具材としても活躍します。

パプリカに
さばの脂がしみて
あと引くおいしさ!

当日調理 🕐 30分
凍ったまま加熱

4 フライパンにサラダ油を薄くひき、凍ったま
まの**3**、水を入れる。蓋をして中火にかけ、
15分ほど加熱する。

5 蒸気が出はじめたら、ヘラで切るようにし
て全体を混ぜ合わせ、蓋をして10分ほど
加熱する。蓋を開け、全体を混ぜ合わせな
がら、1〜2分炒める。

小ねぎをたっぷりのせて
小口切りにした小ねぎをたっぷりのせて、彩りと香りを
プラスしても。

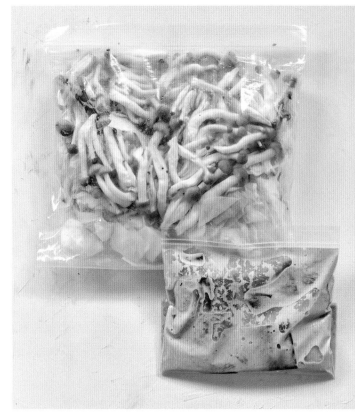

生臭さが不安なら、みそマヨのしっかり味がおすすめ！

さばのみそマヨ焼き [冷凍 3 週間]

材料(4人分)

さば(3枚おろし)
……1尾分(400g)

A | 酒・みそ・片栗粉・
マヨネーズ
……各大さじ2
砂糖・しょうゆ
……各小さじ2

塩……小さじ1/4

水……150mℓ

サラダ油……小さじ2

キャベツ……1/4個

ぶなしめじ……100g

作り方 ⏱ 5分

〔下ごしらえ〕

1 さばは6等分に切る。

2 キャベツは4〜5cm角
に切り、ぶなしめじは
ほぐす。

〔冷凍する〕

3 冷凍用保存袋にA、1
を入れて軽く揉み込む。
袋の空気を抜いて口
を閉じ、冷凍する。

4 別の冷凍用保存袋に
2を入れ、袋の空気を
抜いて口を閉じ、冷凍
する。

ゴロゴロした野菜に食欲そそる甘酢あんがからんでおいしい！

さばの甘酢あん [冷凍 3 週間]

材料(4人分)

さば(3枚おろし)
……1尾分(400g)

にんじん……1本

玉ねぎ……1/2個

ピーマン……2個

A | 砂糖・しょうゆ・酢・酒・
片栗粉……各大さじ2
みりん……大さじ1

だし汁……100mℓ

サラダ油……小さじ2

*だし汁は、水100mℓ+顆粒
和風だしの素小さじ1/4で代
用可。

作り方 ⏱ 5分

〔下ごしらえ〕

1 さばは6等分に切る。

2 にんじんは小さめの乱
切り、玉ねぎは2〜3cm
の角切り、ピーマンは
種ごと小さめの乱切り
にする。

〔冷凍する〕

3 冷凍用保存袋にA、1
を入れて軽く揉み込み、
2を加えて平らになら
す。袋の空気を抜いて
口を閉じ、冷凍する。

さばはDHAやEPAなどの良質な脂が豊富。勉強をがんばる子どもから、認知症を予防したい年配の方まで、積極的に取り入れてほしい食材です。

こってりした味つけのさばには、シンプルな添え野菜が◎

当日調理 ⏱ 25分

凍ったまま加熱

5 フライパンに4、塩、水50mℓを回し入れて蓋をする。強めの中火にかけ、蒸気が出たら中火にし、水けが飛ぶまで1〜2分加熱して、器に盛る。

6 5のフライパンをさっと拭いてサラダ油を薄くひき、凍ったままの3、残りの水を入れる。蓋をして中火にかけ、15分ほど加熱する。

7 焼き色がついたらひっくり返し、蓋をして弱火にし、5〜6分加熱する。蓋を開け、中火にして1分ほど沸騰させ、全体を混ぜて煮汁をからめる。5の器に盛り合わせる。

〜〜〜〜〜〜〜〜〜
さばサンドに
せん切りキャベツと一緒にさばをトーストで挟んでさばサンドに。味がしっかりついているので、味つけいらずです。

小さめに切ったさばがパクッと食べやすい！

当日調理 ⏱ 30分

凍ったまま加熱

4 フライパンにサラダ油を薄くひき、凍ったままの3、だし汁を入れる。蓋をして中火にかけ、15分ほど加熱する。

5 蒸気が出はじめたら、ヘラで切るようにして全体を混ぜ合わせ、蓋をして10分ほど加熱する。蓋を開け、全体を混ぜ合わせながら、1〜2分炒める。

〜〜〜〜〜〜〜〜〜
卵焼きのあんかけに
卵焼きにかけてあんかけ風にしたり、中華麺、かた焼きそばの具材として使っても。

酸味がきいた、玉ねぎとトマトの
ソースがさっぱりとおいしい、
華やかな一品

塩さばの
ラビゴットソース
漬け［冷蔵**4**日］

材料（4人分）

塩さば……1尾分（400g）

トマト……1個

玉ねぎ……1/2個

青じそ……10枚

A｜オリーブオイル……大さじ2
　｜酢・レモン汁……各大さじ1
　｜しょうゆ……小さじ1
　｜こしょう……小さじ1/4

作り方 🕐 20分

下準備

1　さばは半分に切る。玉ねぎは半
　　分に切ってスライサーで薄切り
　　にし、たっぷりの水（分量外）にさ
　　らしてざるにあげる。

2　トマトは1.5cm角に切る。青じそ
　　はせん切りにする。

本調理

3　ボウルにA、1の玉ねぎの水け
　　を絞って入れ、2を加えてあえる。

4　魚焼きグリルに塩さばの皮目を
　　上にして入れ、6〜7分焼く。ひ
　　っくり返して2〜3分焼き、3に加
　　えてあえる。

＊味をなじませたいときは、冷蔵庫で2
時間以上冷やす。

さばの缶詰は日持ちするのはもちろん、骨も一緒に食べられるので、栄養価がとても高くおすすめ。
栄養が溶け込んだ缶汁ごと、調理に使うのがマストです。

トマトソースがさばのうま味を引き立てる！
パスタに合わせても◎

さば缶のトマト煮
[冷蔵 **5** 日／冷凍 **1** ヶ月]

材料（4人分）
さば缶（水煮）……2缶（190g×2）
玉ねぎ……1個
A｜カットトマト缶……1缶（400g）
　｜トマトケチャップ
　｜　……大さじ1と1/2
　｜ウスターソース……大さじ1
　｜顆粒コンソメスープの素
　｜　……小さじ2
　｜すりおろしにんにく……小さじ1

作り方 🕐 20分
[下準備]
1 玉ねぎは縦半分に切り、繊維に
　沿って7mm幅に切る。

[本調理]
2 フライパンにさば缶、1、Aを入
　れて混ぜ合わせ、蓋をして中火
　にかけ、7～8分加熱する。

3 弱めの中火にし、10分ほど加
　熱する。蓋を開け、底からかき
　混ぜて煮汁をからめる。

〜〜〜〜〜〜〜〜〜〜〜〜〜
トマトパスタに
ゆでたパスタとあえてトマトパスタにし
てもおいしくいただけます。存在感のあ
るさばが贅沢に味わえるメイン料理に。

さば缶を使ってできる簡単な煮物！
しょうがで臭みを消して

さばと大根の煮物
[冷蔵 **5** 日／冷凍 **1** ヶ月]

材料（4人分）
さば缶（水煮）……2缶（190g×2）
大根……1/2本
さやいんげん……8本
しょうが……1かけ
水……300㎖
A｜しょうゆ・みりん……各大さじ2

作り方 🕐 30分
[下準備]
1 大根は3cmの厚さに切り、厚め
　に皮をむいて4等分に切る。

2 さやいんげんは3等分の長さ
　に切る。しょうがは皮ごと薄切り
　にする。

[本調理]
3 フライパンに1、水を入れ、蓋を
　して強火にかけ、沸騰したら弱
　めの中火にし、15分ほど加熱
　する。大根に竹串がスッと通っ
　たら、しょうが、A、さば缶（汁ごと）
　を加えて強火にする。

4 沸騰したら弱めの中火にし、さ
　やいんげんを加えて蓋をし、15
　分ほど加熱する。

さば｜冷蔵作りおき

ちりめんじゃこ

アクセントにナッツ類を加えても
おいしい！

ちりめんじゃこの佃煮 ［冷蔵**1**週間／冷凍**1**ヶ月］

材料（4人分）

ちりめんじゃこ（乾燥）……80g
砂糖……大さじ1
酒……大さじ1
しょうゆ……大さじ1
みりん……大さじ1

作り方 🕐 10分

［本調理］

1 フライパンにすべての材料を入れて中火にかけ、沸騰したら弱めの中火にする。

2 ときどきかき混ぜながら、汁けがほとんどなくなるまで5分ほど加熱する。

豆を加えてボリュームアップ
大豆などの豆を加えてボリュームアップしても。常備しておけば、健康をサポートしてくれる最強副菜に。

小魚は丸ごと食べられるので、不足しがちなカルシウムをしっかり補給できます。
ちりめんじゃこは塩味が強いので、作りおきにしてこまめに食べると◎。

ピーマンのほろ苦さに、じゃこのうま味を掛け合わせて

ピーマンのじゃこ炒め

［冷蔵 **5**日／冷凍 **1**ヶ月］

材料（4人分）
ピーマン……8〜10個
A ┃ ちりめんじゃこ（乾燥）……50g
　　┃ しょうゆ……大さじ2
　　┃ みりん……大さじ1

作り方 ⏱ 10分

［下準備］

1 ピーマンは縦半分に切り、種ごと横5mm幅に切る。

［本調理］

2 フライパンに、**1**、**A**を入れ、全体を混ぜ合わせる。蓋をして弱めの中火にかけ、6〜7分加熱する。

3 蓋を開け、ピーマンがしんなりとしたら中火にし、水けが飛ぶまで炒める。

〜〜〜〜〜〜〜〜〜〜〜〜
赤唐辛子を加えて
輪切り赤唐辛子を加えてピリ辛に味変しても。ごま油をたらせば香りがよく、おつまみにもぴったりの一品に。

マヨネーズをからめて、
小松菜の青臭さを抑えるのがポイント

ちりめんじゃこと
小松菜の
マヨ炒め

［冷蔵 **5**日／冷凍 **1**ヶ月］

材料（4人分）
小松菜……2束
A ┃ 酒……大さじ2
　　┃ 塩……小さじ1/2

B ┃ ちりめんじゃこ（乾燥）……20g
　　┃ 白炒りごま・マヨネーズ
　　┃ 　……各大さじ2
　　┃ しょうゆ……大さじ1/2

作り方 ⏱ 10分

［下準備］

1 小松菜は2〜3cm幅に切る。

［本調理］

2 フライパンに**1**、**A**を入れ、全体を混ぜ合わせる。蓋をして中火にかけ、6〜7分加熱してざるにあげる。水けをきってフライパンに戻し、**B**を加えて混ぜ合わせる。

3 中火にかけ、2〜3分加熱し、蒸気が出たら全体をかき混ぜて火を止める。

ちりめんじゃこ｜冷蔵作りおき

ツナ缶

ツナのうま味がたっぷり！ごはんがすすむ濃いめの味つけに

ツナと大根の甘辛煮 [冷蔵**5**日／冷凍**1**ヶ月]

材料(4人分)

大根……1/2本
ツナ缶……小2缶(70g×2)
酒……大さじ2
A | しょうゆ……大さじ3
　 | 砂糖……小さじ4
　 | みりん……大さじ1
＊ツナ缶は、ノンオイル、油漬けのどちらでも可。

作り方 🕛 20分

下準備

1 大根は皮ごと7mm幅のいちょう切りにする。A は混ぜ合わせておく。

本調理

2 フライパンに大根、ツナ缶(汁ごと)、酒を入れて混ぜ合わせる。蓋をして弱めの中火にかけ、7〜8分加熱する。

3 Aを加えて混ぜ合わせてなじませ、蓋をして6〜7分加熱する。全体をかき混ぜて煮汁をからめ、煮汁が少し残る程度で火を止める。

ピーマンは種ごと使って、洗い物も少ない手早く作れる一品！

ピーマンの塩昆布ツナ蒸し [冷蔵**5**日／冷凍**1**ヶ月]

材料(4人分)

ピーマン……8〜10個
A | ツナ缶……小2缶(70g×2)
　 | 塩昆布……大さじ2
　 | しょうゆ……小さじ1
＊ツナ缶は、ノンオイル、油漬けのどちらでも可。

作り方 🕛 10分

下準備

1 ピーマンは縦半分に切り、種ごと横に7mm幅に切る。

本調理

2 フライパンに1、Aを入れて混ぜ合わせる。蓋をして弱めの中火にかけ、6〜7分加熱する。

3 ピーマンがしんなりとしたら蓋を開け、水けが飛ぶまで3〜4分加熱する。
＊味が薄い場合、しょうゆ小さじ1/2ずつ加えて味をととのえる。

保存のきくツナ缶はストックがおすすめ。うま味やコクが手軽に加えられて、
加熱処理もしてあるので和えるだけでも一品が完成します。

酢に火を通して、マイルドな酸味のマリネに仕上げて

パプリカと玉ねぎのツナ蒸しマリネ
[冷蔵**5**日／冷凍**1**ヶ月]

材料（4人分）
パプリカ（赤・黄）……各1個
玉ねぎ……1個
A｜ ツナ缶……小2缶（70g×2）
　｜ 酢……大さじ2
　｜ 砂糖……小さじ1
　｜ 粗びき黒こしょう
　｜　……小さじ1/4
＊ツナ缶は、ノンオイル、油漬け
のどちらでも可。

作り方 ⏱ 15分
[下準備]

1 パプリカは縦半分に切り、7mm幅の細切りに
する。玉ねぎは半分に切り、繊維に沿って7mm
幅の薄切りにする。

[本調理]

2 フライパンにA、1を入れて混ぜ合わせる。蓋
をして弱めの中火にかけ、7〜8分加熱する。
全体をかき混ぜて煮汁をからめ、粗熱を取っ
てから、冷蔵庫で2時間以上冷やす。

ツナ缶｜冷蔵作りおき

きゅうりや春雨などを追加してボリューミーなサラダにしても！

ツナともやしの中華あえ [冷蔵**5**日／冷凍**1**ヶ月]

材料（4人分）
大豆もやし（または緑豆もやし）
　……2袋（200g×2）
A｜ 水……400mℓ
　｜ 酢……大さじ1
B｜ ツナ缶……小2缶（70g×2）
　｜ 白すりごま・酢
　｜　……各大さじ2
　｜ 砂糖・しょうゆ・ごま油
　｜　……各大さじ1
＊ツナ缶は、ノンオイル、油漬け
のどちらでも可。

作り方 ⏱ 10分
[下準備]

1 ボウルにB（ツナ缶は汁ごと）を入れて混ぜ合わ
せておく。

[本調理]

2 フライパンにもやし、Aを入れ、蓋をして強火
にかける。沸騰したら、大豆もやしを使う場合
は1分ほど加熱し、緑豆もやしを使う場合は
すぐに火を止めてざるにあげる。

3 2の水けをよくきり、1に加えてあえる。

豆・大豆

枝豆くらいのかたさが目安。
もぐもぐ止まらぬおいしさ!

ひたし豆

[冷蔵 **4** 日／冷凍 **1** ヶ月]

材料(4人分)
乾燥青大豆……200g
水……800㎖
A | だし汁……400㎖
しょうゆ(あれば薄口しょうゆ)・
みりん……各小さじ4

＊だし汁は、水400㎖＋顆粒和風だし
の素小さじ1で代用可。

作り方 🕐 40分(水につける時間を除く)

下準備

1 乾燥青大豆は水洗いし、分量
の水につけて常温で一晩おく。

2 1を水ごと鍋に入れて中火にか
ける。沸騰したら弱火にし、とき
どきアクを取りながら30分ほど
ゆでる。ゆで枝豆くらいのかた
さになったら火を止め、ざるにあ
げる。

本調理

3 鍋にAを入れて中火にかけ、煮
立ったら2を加える。沸騰したら
弱火にし、1分ほど煮て火を止
める。

4 粗熱が取れたら、冷蔵庫で2時
間以上冷やす。

〜〜〜〜〜〜〜〜〜〜〜

ひじきの煮物に
水で戻したひじきと煮れば、あっさりと
したひじき煮に。だしがひじきにもしみ
てクセになるおいしさ。

植物性のたんぱく質と食物繊維が豊富な豆類は、健康な体づくりに欠かせない食材です。
一口食べ始めたら、パクパク食べちゃう、あと引く味わいに仕上げました。

食物繊維がたっぷりな2つの食材で、腸をキレイに!

大豆とごぼうの甘辛炒め [冷蔵5日／冷凍1ヶ月]

材料（4人分）
蒸し大豆缶……1缶（130〜150g）
ごぼう……2本
片栗粉……大さじ2
A｜しょうゆ……大さじ2
　｜砂糖・みりん……各大さじ1
サラダ油……大さじ1
＊蒸し大豆1缶は、水煮大豆1袋でも
代用可。

作り方 🕐 15分

［下準備］

1 蒸し大豆を使う場合はそのまま、水煮大豆を使う場合は水きりし、水けを拭き取る。ごぼうは根元のかたい部分を切り落とし、皮ごと1cm幅のいちょう切り（または半月切り）にする。Aは混ぜ合わせておく。

2 大豆とごぼうに片栗粉をまんべんなくまぶす。

［本調理］

3 フライパンにサラダ油をひき、2を広げ入れて火にかけ、弱めの中火で9〜10分加熱する。焼き色がついたら全体を混ぜ合わせて2分ほど加熱する。

4 Aを加えて触らずに30秒ほど加熱し、全体を混ぜ合わせる。

〜〜〜〜〜〜〜〜〜〜〜
混ぜごはんに
あたたかいごはんに混ぜ合わせて、混ぜごはんにしても。甘辛味がごはんにぴったり。大豆とごぼうの食感を楽しんで。

にんにくしょうゆ味で、スナック感覚の味わい

おつまみ大豆
[冷蔵5日／冷凍1ヶ月]

材料（4人分）
蒸し大豆缶……2缶（130〜150×2）
片栗粉……大さじ2
A｜しょうゆ……大さじ2
　｜みりん……大さじ1
　｜砂糖……小さじ2
　｜すりおろしにんにく……小さじ1
サラダ油……大さじ2
＊蒸し大豆2缶は、水煮大豆2袋でも
代用可。

作り方 🕐 10分

［下準備］

1 蒸し大豆を使う場合はそのまま、水煮大豆を使う場合は水きりし、水けを拭き取る。Aは混ぜ合わせておく。

2 大豆に片栗粉をまんべんなくまぶす。

［本調理］

3 フライパンにサラダ油を入れて中火で1分ほど加熱し、2を広げ入れて触らずに4〜5分加熱する。

4 全体を混ぜ合わせて弱めの中火にし、Aを加えて1分ほど炒め、タレをからめる。

〜〜〜〜〜〜〜〜〜〜〜
洋風のスナック風に
粉チーズまたは顆粒コンソメスープの素を混ぜ合わせれば、洋風のスナック風に。そのままと洋風の2種類を揃えて、晩酌のおつまみに。

豆・大豆｜冷蔵作りおき

火を使わずに作れるみずみずしいサラダ

大豆とトマトのマリネサラダ [冷蔵5日]

材料(4人分)

蒸し大豆缶
　……2缶(130〜150g×2)

玉ねぎ……1個

トマト……2個

パセリ……1束

A｜オリーブオイル
　　……大さじ4

　　酢・レモン汁
　　……各大さじ2

　　砂糖……小さじ2

　　塩……小さじ1

　　粗びき黒こしょう
　　……小さじ1/2

＊蒸し大豆2缶は、水煮大豆2袋でも代用可。

作り方 ⏱15分

下準備

1 蒸し大豆を使う場合はそのまま、水煮大豆を使う場合は水きりし、水けを拭き取る。

2 玉ねぎは半分に切ってスライサーで薄切りにし、たっぷりの水(分量外)にさらして水けをきる。

3 トマトは1cm角に切る。パセリは茎は切り落とし、葉はみじん切りにする。

本調理

4 ボウルにAを入れて混ぜ合わせ、3を加え、よく混ぜ合わせてから、1、水けを絞った2を加えてあえる。

＊味をなじませたいときは、冷蔵庫で30分以上冷やす。

豆とひじきを合わせて、デリ風のおかずに！

ミックスビーンズとひじきのサラダ [冷蔵5日]

材料(4人分)

ミックスビーンズ水煮缶
　……1缶(150g)

乾燥ひじき……大さじ5(15g)

玉ねぎ……1/2個

A｜ツナ缶……小2缶(70g×2)

　　白すりごま・マヨネーズ
　　……各大さじ2

　　しょうゆ……大さじ1

　　砂糖……小さじ1

＊ツナ缶は、油漬け、ノンオイルのどちらでも可。

作り方 ⏱15分

下準備

1 ミックスビーンズは水けをきる。フライパンに乾燥ひじき、かぶるくらいの水(分量外)を入れて蓋をし、中火にかける。沸騰したら火を止めて5分ほどおき、水けをきる。

2 玉ねぎはスライサーで薄切りにし、たっぷりの水(分量外)にさらしてざるにあげる。

本調理

3 ボウルにAを入れて混ぜ合わせ、1、水けを絞った玉ねぎを加えてあえる。

豆はたんぱく質がとれるので、満腹感もしっかり得られるおかずになります。
チリコンカンはパンにも合うので、朝ごはんにもおすすめです。

豆やひき肉、野菜がたっぷり入ったメキシコ風のおかず

チリコンカン ［冷蔵**5**日／冷凍**1**ヶ月］

材料（4人分）
蒸し大豆缶……300～400g
ピーマン……4～5個
玉ねぎ……1個
牛ひき肉（または合いびき肉）……200g
赤ワイン（または酒）……50㎖
A オリーブオイル……大さじ1
　　 すりおろしにんにく……小さじ1
B チリパウダー……大さじ3
　　 クミンパウダー……小さじ1
C カットトマト缶……1缶（400g）
　　 水……200㎖
　　 顆粒コンソメスープの素……小さじ2
D 塩・黒こしょう……各小さじ1/4
＊蒸し大豆は、水煮大豆でも代用可。
＊クミンは、パウダー、ホールのどちらでも可。
＊こしょうは、粗びき、粉末のどちらでも可。

作り方 ⏱30分
【下準備】
1 蒸し大豆を使う場合はそのまま、水煮大豆を使う場合は水きりし、水けを拭き取る。ピーマンは1cm角に切る。玉ねぎはみじん切りにする。

【本調理】
2 フライパンに玉ねぎ、**A**を加えて混ぜ合わせ、弱めの中火で玉ねぎが少し透き通るまで炒める。
3 ひき肉を加えて中火にし、ときどきかき混ぜながら5～6分加熱し、赤ワインを加える。
4 汁けがなくなったら、**B**を加えて混ぜながら1～2分加熱し、大豆、**C**を加え混ぜる。
5 強めの中火にして沸騰したら、ピーマンを加えて混ぜ、蓋をする。弱めの中火で5～6分煮る。
6 **D**を加えて混ぜ合わせ、2～3分煮て火を止める。

たっぷりのだし汁でゆでて、味を枝豆に含ませて

枝豆のだしびたし ［冷蔵**5**日／冷凍**1**ヶ月］

材料（4人分）
枝豆（さやつき）……250g
塩……大さじ1
A だし汁……400㎖
　　 しょうゆ・みりん……各大さじ2
＊だし汁は、水400㎖＋顆粒和風だしの素小さじ1で代用可。

作り方 ⏱10分
【下準備】
1 枝豆は水洗いして塩をまぶし、よく揉み込んで水洗いする。

【本調理】
2 鍋に**A**を入れ、沸騰したら**1**を加えて中火で3分ほど煮る。
3 火を止めて粗熱を取り、冷蔵庫で2時間以上冷やす。

豆・大豆｜冷蔵作りおき

133

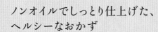

ノンオイルでしっとり仕上げた、
ヘルシーなおかず

おからの煮物

［冷蔵**4**日／冷凍**1**ヶ月］

材料（4人分）
おからパウダー……40g
干ししいたけ……4枚
こんにゃく……1枚
にんじん……1本
長ねぎ……1本
油揚げ……2枚
A｜だし汁……400㎖
　｜干ししいたけの戻し汁
　｜　（またはだし汁）……260㎖
　｜しょうゆ……大さじ3
　｜砂糖・みりん……各大さじ1

＊おからパウダー40gの代わりに、生おから200gでも代用可。その場合は、干ししいたけの戻し汁は100㎖。

＊だし汁は、水400㎖＋顆粒和風だしの素小さじ1で代用可。

作り方 ⏱30分

［下準備］

1 干ししいたけは水につけて戻す。水けを軽く絞り、7㎜幅に切る。戻し汁はとっておく。

2 こんにゃくは3〜4㎝長さの7㎜幅に切り、にんじんも皮ごと同様に切る。長ねぎは2㎜幅の小口切り、油揚げは油抜きをし、縦半分に切り、7㎜幅に切る。

［本調理］

3 フライパンにこんにゃくを入れて中火にかけ、表面が乾いて音が鳴るまで炒める。1、残りの2、Aを加えて混ぜ合わせ、蓋をして強めの中火にかける。沸騰したら中火にし、おからを加えて全体を混ぜる。

4 再び沸騰したら、12〜13分煮る。全体を混ぜ合わせ、汁けが少なくなったら火を止める。

おからや高野豆腐は味がしみ込みやすく、作りおきにぴったりです。ホッとする味わい以外にも、
にんにくとコンソメで味つけしたパンチのある高野豆腐は、子どもでも食べやすいので、ぜひ挑戦してみて。

ジャンクな味つけで、高野豆腐が苦手な方にもおすすめ！

高野豆腐のガーリック
コンソメマヨ炒め ［冷蔵**5**日／冷凍**1**ヶ月］

材料（4人分）

高野豆腐……4個（17g×4）

A｜水……300ml
　｜顆粒コンソメスープの素
　｜　　……小さじ2

片栗粉……大さじ3

B｜すりおろしにんにく・しょうゆ・
　｜みりん……各小さじ1
　｜粗びき黒こしょう……小さじ1/4

マヨネーズ……大さじ2

作り方 ⏱ 15分

［下準備］

1 高野豆腐は袋の表記通り湯または水につけて戻し、水が白く濁るまで揉み込み、水けを絞って4等分に切る。

［本調理］

2 鍋にAを入れて中火にかけ、ひと煮立ちしたら火を止める。1を加えて粗熱が取れるまでおく。水けを絞って片栗粉をまぶす。

3 残りの2の煮汁にBを加えて混ぜ合わせる。

4 フライパンにマヨネーズを入れ、弱めの中火にかけ、高野豆腐を並べ入れ、4〜5分加熱してひっくり返す。両面に焼き色がついたら、3を加えて混ぜながら煮汁を全体にからめる。

〜〜〜〜〜〜〜
レタスや青じそと一緒に
レタスで包んだり、青じそと一緒に食べるのがおすすめ。濃厚な味つけとさっぱりした野菜がベストマッチ。

甘辛ダレを高野豆腐にからめた食べ応えのある一品

高野豆腐のしょうが焼き
［冷蔵**5**日／冷凍**1**ヶ月］

材料（4人分）

高野豆腐……4個（17g×4）

片栗粉……大さじ3

A｜水……大さじ4
　｜しょうゆ・酒・みりん……各大さじ2
　｜すりおろししょうが……大さじ1
　｜砂糖……小さじ2
　｜顆粒和風だしの素……小さじ1/2

サラダ油……大さじ1

作り方 ⏱ 15分

［下準備］

1 高野豆腐は袋の表記通り湯または水につけて戻し、水が白く濁るまで揉み込み、水けを絞って4等分に切り、片栗粉をまぶす。Aは混ぜ合わせておく。

［本調理］

2 フライパンにサラダ油をひき、中火にかけて1〜2分加熱し、高野豆腐を並べ入れる。

3 5〜6分加熱してひっくり返し、2〜3分加熱したら、Aを加えて手早くからめ、火を止める。

お揚げと青菜のホッとするシンプルな組み合わせで

油揚げと小松菜の煮びたし

[冷蔵**4**日／冷凍**1**ヶ月]

材料（4人分）

油揚げ……4枚

小松菜……2束

A | だし汁……400mℓ
　　 | しょうゆ（あれば薄口しょうゆ）・
　　 | みりん……各大さじ2

＊だし汁は、水400mℓ＋顆粒和風だしの素小さじ1で代用可。

作り方 🕐 10分

下準備

1 小松菜は4〜5cm幅に切り、茎と葉に分ける。

2 油揚げは油抜きをせず、縦半分に切って1.5cm幅に切る。

本調理

3 鍋に**A**、**2**を入れ、蓋をして強めの中火にかける。沸騰したら中火にして混ぜ、**1**の茎を加えて全体を混ぜ合わせ、蓋をする。

4 1分ほど煮たら、**1**の葉を加えて混ぜ合わせ、葉全体が煮汁につかり、沸騰したら火を止める。

＊味をなじませたいときは、粗熱を取ってから再びあたためる。

ピーマンの風味がお揚げにしみしみ！

油揚げとピーマンの焼きびたし

[冷蔵**4**日／冷凍**1**ヶ月]

材料（4人分）

油揚げ………4枚

ピーマン
　……8〜10個（280〜350g）

A | 水……400mℓ
　　 | しょうゆ……大さじ3
　　 | みりん……大さじ1と1/2
　　 | 削り節
　　 | ……小袋4袋（2.5〜3g×4）

作り方 🕐 15分

下準備

1 ピーマンは縦半分に切り、種ごと繊維に沿って7mm幅に切る。油揚げは油抜きをせず、縦半分に切って7mm幅に切る。

本調理

2 フライパンに油をひかずに油揚げを入れ、中火にかける。軽く焼き色がつくまで7〜8分焼く。

3 **1**のピーマン、混ぜ合わせた**A**を加えて蓋をし、4〜5分加熱する。

4 ピーマンがしんなりしたら、混ぜ合わせて煮汁が少し残る程度で火を止める。

味がしっかりとしみ込む油揚げは、ジュワッとだしがしみ出ておいしい！
また、コクもプラスしてくれるので、満足感のあるおかずになります。

食べ応えのある厚揚げを作りおきにしておくとラク！

厚揚げの煮物
［冷蔵**4**日／冷凍**1**ヶ月］

材料（4人分）

厚揚げ（8cm角）……4個（150g×4）

A | だし汁……300mℓ
| しょうゆ……大さじ2
| 砂糖……小さじ4
| みりん……大さじ1

＊だし汁300mℓは、水300mℓ＋
顆粒和風だしの素小さじ3/4で
代用可。

作り方 🕐 15分

［下準備］

1 厚揚げを4等分に切る。

2 鍋に水2ℓ（分量外）を入れて沸かす。強めの中
火にし、1を加えて2〜3分ゆでたらざるにあ
げる。

［本調理］

3 フライパンにAを入れ、中火にかけて軽く沸
騰させる。砂糖が溶けたら2を加えて蓋をし、
再び沸騰したら弱めの中火にして10分ほど
煮る。

＊味をなじませたいときは、粗熱を取ってから再びあた
ためる。

だしが染み込んで美味！油揚げだけで立派なおかずに！

刻み揚げ ［冷蔵**4**日／冷凍**1**ヶ月］

材料（4人分）

油揚げ……4枚

A | 水……200mℓ
| しょうゆ……小さじ4
| 砂糖……大さじ1

作り方 🕐 10分

［下準備］

1 油揚げは油抜きをせず、縦半分に切って7mm
幅に切る。

［本調理］

2 鍋にA、1を入れてよく混ぜ合わせ、蓋をして
中火にかける。

3 沸騰したら、1分ほど煮て火を止める。蓋をし
たまま、粗熱を取る。

〜〜〜〜〜〜〜〜〜〜〜〜〜〜〜

卵でとじてきつね丼に
仕上げに卵でとじて丼にのせれば、きつね丼に。だし
がしみた油揚げと、とろとろ卵でごはんがすすみます。

ある週末の作りおき＆食べきりアイデア② ［週末だけ仕込み編］

共働きの忙しいご家庭に向けて、週末の作りおきで提案したいのが、副菜のみの作りおき。
これなら、時間がなくてもパパッと作れますし、普段の野菜不足も解消できますね。

これなら、週末だけで仕込める！副菜8品の作りおき

忙しい毎日を送っている共働きの場合、どうしても野菜不足などで栄養バランスが偏ってしまいがち。本書では、野菜、海藻、きのこ、乾物を使った作りおきをたくさん紹介していますので、週末に副菜をたっぷり作りおきしておきましょう。そうすれば、平日は主菜を作るだけでOK！ 難しく考えなくても、あっという間に栄養バランスのとれた献立が完成します。

❶ **野菜1つでパパッと副菜** ｜ きのこのだしびたし（P184）

❷ **冷蔵作りおき** ｜ わかめともやしの酢の物（P161）

❸ **冷蔵作りおき** ｜ ミニトマトの香味マリネ（P153）

❹ **冷蔵作りおき** ｜ ひじきたっぷり炒り高野（P163）

❺ **冷蔵作りおき** ｜ 小松菜のナムル（P142）

❻ **冷蔵作りおき** ｜ キャベツの塩昆布うまダレあえ（P144）

❼ **冷蔵作りおき** ｜ 油揚げとピーマンの焼きびたし（P136）

❽ **野菜1つでパパッと副菜** ｜ にんじんのナムル（P183）

土曜に買い物、日曜に作りおき

平日にお弁当と夕食で食べきるアイデア

おかずを1食分ずつカップなどに入れて冷凍しておくとお弁当に詰めやすくて便利。

	お弁当	夕食
月曜	❹ひじきたっぷり炒り高野 ❺小松菜のナムル ❽にんじんのナムル＋卵焼き	❷わかめともやしの酢の物 ❶きのこのだしびたし ＋旬の焼き魚（翌日のお弁当分も焼いておく）
火曜	❹ひじきたっぷり炒り高野 ❻キャベツの塩昆布うまダレあえ ❽にんじんのナムル＋旬の焼き魚	❼油揚げとピーマンの焼きびたし ❺小松菜のナムル ＋鶏もも肉のグリル（翌日のお弁当分も焼いておく） ×❸ミニトマトの香味マリネをソースに
水曜	❹ひじきたっぷり炒り高野 ❷わかめともやしの酢の物 ❽にんじんのナムル＋鶏もも肉のグリル	❶きのこのだしびたし ❻キャベツの塩昆布うまダレあえ ＋豚肉のソテー（翌日のお弁当分も焼いておく）
木曜	❼油揚げとピーマンの焼きびたし ❽にんじんのナムル ❹ひじきたっぷり炒り高野＋豚肉のソテー	具だくさんラーメン（❻キャベツの塩昆布うまダレあえ×❺小松菜のナムル×チャーシュー、卵など好みの具材で）
金曜	❹ひじきたっぷり炒り高野 ❼油揚げとピーマンの焼きびたし ❽にんじんのナムル＋チャーシュー	❻キャベツの塩昆布うまダレあえ ❹ひじきたっぷり炒り高野×豆腐で白あえ風に ＋合いびき肉でハンバーグ風

お弁当は、具だくさんまたは味つけの濃い副菜を固定すると献立が組みやすいです。

「＋卵焼き」など追加しているものは、お手持ちの冷凍食材におき換えても構いません。

副菜の作りおきはアレンジしやすいので、おいしく使いきれます。

作りおきドレッシング＆ソース②

トーストやごはんに合うソースを作っておけば、忙しい朝などにも使えます。
5日〜1週間保存できるので、いくつか作っておくのもよいでしょう。

コーンのつぶつぶ感がクセになる！
マヨコーン ［冷蔵 **5**日］

材料（4人分）
スイートコーン缶……1缶（190g）
A｜マヨネーズ……大さじ6
　｜麺つゆ（3倍濃縮）
　｜　……小さじ2
　｜粉末パセリ（あれば）
　｜　……小さじ1/2

作り方 ⏱ 5分

1 コーンはざるにあげて水けをきる。ボウルに入れ、Aを加えてあえる。

〜〜〜〜〜〜〜〜〜〜〜〜〜〜

温野菜にかけて
アボカド、ゆでたブロッコリーやじゃがいもの温野菜にかけるソースに。野菜が苦手な子どもにもおすすめ。

トマトをすりおろして作るフレッシュなおいしさ！
生トマトソース ［冷蔵 **1**週間］

材料（4人分）
トマト……8個
にんにく……2かけ
オレガノ（乾燥／あれば）
　……小さじ1
塩……小さじ1
オリーブオイル……大さじ6

〜〜〜〜〜〜〜〜〜〜〜〜〜
食パンに塗ってから焼いて
食パンに塗り、チーズをのせてオーブンで焼いたり、パスタのソースとして使っても。

作り方 ⏱ 30分

1 トマトはすりおろし、にんにくはみじん切りにする。

2 フライパンにオリーブオイル、にんにくを入れ、弱めの中火にかける。2分ほど加熱したら、トマトを加えて強めの中火にする。

3 沸騰したら、オレガノを加えて底からかき混ぜ、20分ほど加熱する。

4 煮汁が半分以下になったら弱めの中火にし、底からかき混ぜる。塩を加えて全体を混ぜ合わせ、3〜4分加熱する。

＊トマトの酸味が強い場合、砂糖小さじ1を加えて全体をかき混ぜ、1分ほど加熱する。うま味を足したい場合、みそ小さじ1を溶かしながら加えて全体をかき混ぜる。

ごはんとの相性抜群！
ねぎみそ ［冷蔵 **1**週間］

材料（4人分）
長ねぎ……2本
A｜みそ……大さじ4
　｜酒・みりん
　｜　……各大さじ2
　｜すりおろししょうが・
　｜　砂糖……各大さじ1
　｜しょうゆ……小さじ2
B｜削り節……小袋2袋（2.5〜3g×2）
　｜白炒りごま……大さじ2
ごま油……大さじ1

作り方 ⏱ 15分

1 長ねぎは2mm幅の小口切りにする。Aは混ぜ合わせておく。

2 フライパンに長ねぎ、ごま油を入れて全体を混ぜ合わせ、蓋をする。弱めの中火にかけ、5〜6分そのまま加熱する。

3 軽く焦げ目がついたら全体を混ぜ合わせる。Aを加えて混ぜ合わせたらBを加え、かき混ぜる。

〜〜〜〜〜〜〜〜〜〜〜〜〜
焼きおにぎりの具材に
焼きおにぎりの具材や、肉料理にかけるソースとして使っても。

Part

3

ビタミン・ミネラル・
食物繊維たっぷり！

野菜のおいしい
作りおき

メインのおかずに野菜たっぷりのサラダやマリネ、
スープや煮込みがあると、食卓が一気に豪華に！
冷蔵作りおきなのでお弁当のおかずにもぴったりです。
野菜ごとに紹介しているので、冷蔵庫にあるもので作れます。

にんにくは入れていないから、
お弁当にも使いやすい！

小松菜のナムル

[冷蔵 **4** 日／冷凍 **1** ヶ月]

材料（4人分）

小松菜……2束

A｜ごま油・白炒りごま……各小さじ4
　　顆粒鶏がらスープの素・砂糖・
　　しょうゆ……各小さじ1

作り方 🕙 10分

下準備

1 小松菜は4〜5cm幅に切る。

2 ボウルにAを入れて混ぜ合わ
せておく。

本調理

3 鍋に水2ℓ（分量外）を入れて沸
かす。強めの中火にし、1を茎、
葉の順に入れて菜箸でおさえ、
全体を湯につける。

4 1分ほど加熱したらざるにあげ、
水にさらして水けをきる。

5 4の水けをよく絞り、ほぐしなが
ら2に加えてあえる。

にんじんを加えて彩りアップ
ゆでてせん切りにしたにんじんを加え
て彩りアップに。シャキシャキの小松菜と、
にんじんの歯応えの違いも楽しめます。

ビタミンC豊富な青菜やゴーヤ、ブロッコリーがモリモリ食べられるシンプルなサラダとナムル。
毎日の献立やおつまみの一品に。

ツナやごま油でゴーヤの苦味をカバー。
さっぱりとした口当たりで止まらない！

ゴーヤとツナの和風サラダ ［冷蔵**5**日／冷凍**1**ヶ月］

材料（4人分）

ゴーヤ……2本

A｜砂糖……小さじ4
　｜塩……小さじ2

B｜ツナ缶……小2缶（70g×2）
　｜酢・白すりごま……各大さじ2
　｜砂糖・しょうゆ・ごま油
　｜　……各大さじ1
　｜削り節……小袋2袋（2.5〜3g×2）

＊ツナ缶は、油漬け、ノンオイルのどちらでも可。

作り方 🕐 15分

［下準備］

1 ゴーヤは両端を切り落として横半分に切り、縦半分に切る。種とワタを取り除き、3mm幅に切る。

2 ボウルに1、Aを入れて水けが出るまでよく揉み込む。

3 別のボウルにB（ツナ缶は汁ごと）を入れて混ぜ合わせておく。

［本調理］

4 鍋に水2ℓ（分量外）を入れて沸かす。2を入れて強めの中火にかけ、菜箸で全体を湯につけて10秒ほど加熱したらざるにあげ、氷水に入れて粗熱が取れたら、水けをきる。

5 4の水けをよく絞り、3にほぐしながら加えてあえる。

ごまの香りとコクをブロッコリーにたっぷりからめて！

ブロッコリーのナムル ［冷蔵**5**日／冷凍**1**ヶ月］

材料（4人分）

ブロッコリー……1株

A｜白すりごま……大さじ2
　｜しょうゆ・ごま油……各大さじ1
　｜砂糖……小さじ1

B｜水……60mℓ
　｜鶏がらスープの素……小さじ1

作り方 🕐 10分

［下準備］

1 ブロッコリーは小房に分ける。茎のかたい部分は切り落とし、3〜4cm長さに切り、7mm幅に切る。

2 大きめのボウルにAを混ぜ合わせておく。

［本調理］

3 フライパンにブロッコリーを入れ、Bを加えて混ぜ合わせ、蓋をして強めの中火にかけて5〜6分加熱する。

4 蓋を開け、混ぜ合わせて水けを飛ばし、2に加えてあえる。

〜〜〜〜〜〜〜〜〜〜

わかめを加えてボリュームアップ
わかめを加えればボリュームアップに。ちりめんじゃこを加えてうま味をプラスしても。

サラダ・あえ物｜冷蔵作りおき

やみつきになるおいしさ！
カサを減らしてたっぷりどうぞ

キャベツの塩昆布うまダレあえ ［冷蔵**4**日／冷凍**1**ヶ月］

材料（4人分）
キャベツ……1/2個
塩……大さじ1
A｜塩昆布……大さじ4
　｜ごま油……大さじ2
　｜顆粒鶏がらスープの素
　｜　……小さじ1

作り方 🕐 15分

下準備

1 キャベツは芯を取り除き、7mm幅のせん切りにする。大きめのボウルに入れて塩をふり、揉み込むようにあえて10分ほどおく。

2 鍋に水1.5ℓ（分量外）を入れて沸かし、火を止めて**1**を加え、かき混ぜる。10秒ほど経ったらざるにあげ、水にさらして水けをきる。

3 ボウルに**A**を入れて混ぜ合わせておく。

本調理

4 **2**の水けをよく絞り、ほぐしながら**3**に加えてあえる。

＊味をなじませたいときは、冷蔵庫で30分ほど冷やす。

こってりとしたメインおかずに、たっぷり添えたいサラダとあえ物。
キャベツやじゃがいも、白菜のおいしさを味わって。

ゆで卵やカリカリベーコンを加えた
アレンジもおすすめ

じゃがいもの
粒マスタードサラダ

[冷蔵**5**日／冷凍**1**ヶ月]

材料（4人分）

じゃがいも……4個

A｜粒マスタード・マヨネーズ
　　……各大さじ1
　｜砂糖・しょうゆ……各小さじ2

作り方 🕐 25分

[下準備]

1 じゃがいもはよく洗い、皮ごと半分に切る。

2 鍋に1、かぶるくらいの水（分量外）を入れ、蓋をして強火にかける。沸騰したら弱めの中火にし、竹串が通るまで15〜20分ゆでてざるにあげ、粗熱を取る。

3 ボウルにAを入れて混ぜ合わせておく。

[本調理]

4 2の皮をむいて3に加え、じゃがいもを粗くつぶしながら、よくあえる。

～～～～～～～～～～
コロッケにもおすすめ
丸めて小麦粉と溶き卵とパン粉をつけて揚げればコロッケに。お弁当のメインおかずにもおすすめ。

ツナのコクがきいたサラダ。
箸休めにちょうどよいさっぱり感が◎

白菜とツナの和風サラダ

[冷蔵**5**日／冷凍**1**ヶ月]

材料（4人分）

白菜……1/2個（1300g）

塩……大さじ2

A｜ツナ缶……小2缶（70g×2）
　｜白すりごま・酢……各大さじ2
　｜砂糖・しょうゆ・ごま油
　　……各大さじ1

＊ツナ缶は、油漬け、ノンオイルのどちらでも可。

作り方 🕐 15分

[下準備]

1 白菜は芯を取り除いて縦2等分に切り、繊維を断ち切るように1.5cm幅に切る。

2 ボウルに1の半量、塩大さじ1を入れて混ぜ合わせる。

3 残りの1、塩を加えて混ぜ合わせ、2〜3分よく揉み込む。白菜がつかるくらいの水けが出たらざるにあげ、ボウルに戻す。

4 3にたっぷりの水（分量外）を加えて軽く混ぜて水けをきる。これを2回繰り返して塩抜きし、水けをよく絞る。

5 別のボウルにAを入れて混ぜ合わせる。

[本調理]

6 4の水けをさらに絞り、5にほぐしながら加えてあえる。

シャキシャキとした歯ざわりが楽しめる

かぶの葉ナムル [冷蔵4日／冷凍1ヶ月]

材料（4人分）

かぶ（葉つき）の葉
……5個分（または大根の葉
1本分）

A｜白炒りごま・ごま油
　　……各大さじ1
　｜しょうゆ……小さじ2
　｜顆粒鶏がらスープの素・
　｜砂糖……各小さじ1

作り方 🕙 10分

1 かぶの葉は切り離して流水につけ込んでよく洗い、4〜5cm幅に切る。

2 鍋に水1ℓ（分量外）を沸かす。強めの中火にし、1を茎、葉の順に入れて菜箸でおさえ、全体を湯につける。

3 30秒ほど加熱したらざるにあげ、水けをきる。

4 ボウルにAを入れて混ぜ合わせておく。

5 3の水けをよく絞り、4にほぐしながら加えてあえる。

＊大根の葉の場合は、水1ℓあたり塩小さじ1を加えるとやわらかく仕上がる。

緑と黄色の色合いが映えるおかず。お弁当にも◎

ほうれん草とコーンのサラダ
[冷蔵4日／冷凍1ヶ月]

材料（4人分）

ほうれん草……2束

スイートコーン缶……1缶（190g）

A｜マヨネーズ……大さじ2
　｜しょうゆ・ごま油
　　……各大さじ1
　｜砂糖……小さじ1
　｜顆粒和風だしの素・
　｜粗びき黒こしょう
　　……各小さじ1/2

作り方 🕙 10分

1 ほうれん草は4〜5cm幅に切り、茎と葉に分ける。

2 鍋に水2ℓ（分量外）を入れて沸かす。強めの中火にし、1を茎、葉の順に入れて菜箸でおさえ、全体を湯につける。

3 10秒ほど経ったらざるにあげ、水けをきる。

4 ボウルにAを入れてよく混ぜ合わせておく。

5 水けをきったコーンを加えて混ぜ、3の水けをよく絞り、ほぐしながら加えてあえる。

かぶの葉や、ほうれん草、にんじん、切干大根を使った健康惣菜を簡単に。
毎日の献立に取り入れましょう。食卓の彩りアップにも。

中華風の味つけで、食欲がかき立てられる！

切干大根の中華風サラダ［冷蔵**5**日／冷凍**1**ヶ月］

材料（4人分）
切干大根……60g
きゅうり……2本
にんじん……1本
塩……小さじ1/2
A だし汁……100ml
　　 酢……大さじ3
　　 白炒りごま・しょうゆ・
　　 　ごま油……各大さじ2
　　 砂糖……大さじ1
＊だし汁は、水100ml＋顆粒
和風だしの素小さじ1/4で代
用可。

作り方 🕐 20分

1　切干大根はたっぷりの水（分量外）に入れ、よく揉み洗いをする。絞らずにざるにあげて10分ほどおく。

2　きゅうりとにんじんは、スライサーで皮ごとせん切りにする。ボウルに入れて塩を加え、軽く揉み込んで10分ほどおく。

3　ボウルにAを入れてよく混ぜ合わせておく。

4　1、2の水けをよく絞り、3にほぐしながら加えてあえる。
＊味をなじませたいときは、冷蔵庫で30分ほど冷やす。

にんじんの甘みが引き立つ一品。食卓をパッと明るく！

にんじんとツナのサラダ［冷蔵**4**日／冷凍**1**ヶ月］

材料（4人分）
にんじん
　　……2本（150〜200g×2）
塩……小さじ1/2
A ツナ缶
　　 　……小2缶（70g×2）
　　 酢……大さじ2
　　 粗びき黒こしょう
　　 　……小さじ1/4
＊ツナ缶は、油漬け、ノンオイルのどちらでも可。

作り方 🕐 10分

1　にんじんは水けをよく拭き取り、せん切りにする。ボウルに入れ、塩を加え、軽く揉み込んで10分ほどおく。

2　別のボウルにAを入れて混ぜ合わせておく。

3　1をざるにあげて水けをよく絞り、2にほぐしながら加えてあえる。

サラダ・あえ物｜冷蔵作りおき

147

好みでにんにくや唐辛子を
加えれば、さらに風味が増して◎

パプリカの
焼きマリネ
[冷蔵 **5**日／冷凍 **1**ヶ月]

材料(4人分)
パプリカ(赤・黄)……各1個
A｜酢……大さじ1
　｜塩……小さじ1/2
　｜こしょう……小さじ1/4
オリーブオイル……大さじ2
＊こしょうは、粗びき、粉末のどちらでも可。

作り方 🕐 15分

[下準備]

1 パプリカは縦半分に切り、ヘタ
　と種を取り除く。縦8等分に切り、
　水けを拭き取る。

[本調理]

2 フライパンに1のパプリカ、オリ
　ーブオイルを入れて混ぜ合わ
　せ、全体にオリーブオイルをか
　らめる。

3 蓋をして弱めの中火にかけ、7
　～8分加熱して蒸気が出たら、
　さらに2～3分加熱する。

4 軽く焼き色がついたら、混ぜ合
　わせて火を止め、Aを加えて混
　ぜ合わせ、10分ほどおく。

＊味をなじませたいときは、粗熱を取っ
てから、冷蔵庫で2時間ほど冷やす。

抗酸化ビタミンが豊富なパプリカとトマトや、食物繊維豊富なきのこを使ったマリネ。
酸味がきいたさっぱりマリネは肉料理に添えてバランスのよい献立に。

トマトの酸味と甘いマリネ液で箸が止まらぬおいしさ！

トマトのマリネサラダ

［冷蔵**4**日／冷凍**1**ヶ月］

材料（4人分）

トマト……4個（約600g）

玉ねぎ……1個

A｜オリーブオイル・酢……各大さじ4
　｜砂糖……小さじ4
　｜塩……小さじ1と1/2
　｜こしょう……小さじ1/4

＊こしょうは、粗びき、粉末のどちらでも可。

作り方

［下準備］ ⏱10分

1 玉ねぎはみじん切りにし、たっぷりの水（分量外）にさらしてすぐにざるにあげ、水けをよく絞る。

2 ボウルにAを入れて混ぜ合わせ、1を加えてよく混ぜる。

3 トマトは8等分に切り、さらに横半分に切る。

［本調理］

4 3を2に加えて混ぜ合わせる。

＊味をなじませたいときは、冷蔵庫で2時間ほど冷やす。

〜〜〜〜〜〜〜〜〜〜

冷ややっこにかけて

トマトをさらに細かく刻んで冷ややっこにかけて。バジルなどをのせて大人好みの味つけにしても。

きのこを蒸し焼きにして、
うま味をグンと引き出して

きのこの 和風マリネ

［冷蔵**5**日／冷凍**1**ヶ月］

材料（4人分）

えのきだけ、ぶなしめじ、しいたけ、まいたけ……合わせて600g

オリーブオイル……大さじ2

A｜酢・しょうゆ……各大さじ2
　｜粗びき黒こしょう……小さじ1/2

作り方 ⏱15分

［下準備］

1 えのきだけは3〜4等分に切ってほぐす。ぶなしめじはほぐす。しいたけは軸を取り除き、7〜8mm幅の薄切りにする。まいたけはほぐす。

［本調理］

2 フライパンに、きのこ、オリーブオイルを入れて混ぜ合わせ、全体にオリーブオイルをからめる。

3 蓋をして弱めの中火にかけ、蒸気が出たらさらに8〜10分加熱する。

4 火を止め、Aを加えて混ぜ合わせる。

〜〜〜〜〜〜〜〜〜〜

白炒りごまをふって

白炒りごまをたっぷりふれば、風味がアップ。きのこの食感と、ごまのつぶつぶ感がやみつきに。

マリネ・漬け物｜冷蔵作りおき

さっぱりとした味つけに
ポリポリ食感で箸が止まらない!

白瓜の浅漬け

[冷蔵 **4**日]

材料(4人分)

白瓜……2個（正味250g×2）

塩……小さじ1

A 酢……大さじ2

　砂糖……大さじ1

　顆粒昆布だしの素（または昆布茶）
　　……小さじ1

　輪切り唐辛子……小さじ1
　（辛味が苦手な場合は半量）

作り方 🕐 15分

[下準備]

1 白瓜はピーラーで皮を縞目にむ
　く。縦半分に切り、種とワタを取
　り除いて7mm幅に切る。

2 ポリ袋に1、塩を入れ、全体をよ
　く揉み込み、10分ほどおく。

3 水けが出てきたら、袋を絞るよう
　にして水けを捨てる。

[本調理]

4 Aを加えて全体に混ざるようによ
　く揉み込む。

＊味をなじませたいときは、冷蔵庫で30
分以上冷やす。

〜〜〜〜〜〜〜〜〜〜

好みの食材で作っても
白瓜の代わりに、きゅうりやキャベツな
どで作ってもおいしい。作りおきをして
おけば、味もよくしみ込みます。

シャキシャキとした食感がおいしい野菜のマリネや漬け物はたっぷり作りおきを。
冷蔵庫にあるだけで、野菜不足が解消されます。

キャベツの甘みをいかした一品。
玉ねぎ、きゅうり、ピーマンなどを加えても◎

キャベツとトマトの
マリネサラダ [冷蔵 **5**日]

材料（4人分）

キャベツ……1/2個

塩……大さじ1

トマト……2個

A｜オリーブオイル（または サラダ油）
　　……大さじ4
　｜酢……大さじ2と小さじ2
　｜砂糖……小さじ2
　｜塩……小さじ1
　｜粗びき黒こしょう……小さじ1/2

作り方 ⏱ 15分

[下準備]

1 キャベツは一口大のざく切りにし、大きめのボウルに入れる。塩をふり、揉み込んで10分ほどおく。

2 鍋に水1.5ℓ（分量外）を入れて沸かし、火を止めて**1**を加え、底から混ぜ合わせる。10秒ほど経ったらざるにあげ、水にさらして水けをきる。

3 ボウルに**A**を入れて混ぜ合わせる。

4 トマトは8等分に切り、さらに横半分に切る。

[本調理]

5 **3**に**4**を加えて混ぜ合わせ、**2**の水けをよく絞り、ほぐしながら加えてあえる。

＊味をなじませたいときは、冷蔵庫で1時間以上冷やす。

葉と実を一緒に漬けて、
異なる食感を楽しんで

かぶの浅漬け
[冷蔵 **5**日]

材料（4人分）

かぶ（葉つき）……4〜5個

塩……小さじ1

A｜酢……大さじ2
　｜砂糖……小さじ4
　｜顆粒昆布だしの素（または昆布茶）
　　……小さじ1
　｜輪切り唐辛子……小さじ1
　　（辛味が苦手な場合は半量）

作り方 ⏱ 15分

[下準備]

1 かぶは実と葉を切り離してよく洗い、水けをよく拭き取る。実は半分に切り、2〜3mm幅の薄切りにする。葉は4〜5cm幅に切る。

2 ボウルに**1**を入れ、塩をふりかけて揉み込み、10分ほどおいてざるにあげる。

3 別のボウルに**A**を入れて混ぜ合わせる。

[本調理]

4 **2**の水けをよく絞って**3**に加えてあえる。

＊味をなじませたいときは、冷蔵庫で2時間以上冷やす。

マリネ・漬け物｜冷蔵作りおき

マリネ・漬け物

塩昆布を使って、安定感のある漬け物に

塩昆布できゅうりの浅漬け［冷蔵**5**日］

材料（4人分）

きゅうり……4〜5本
塩……小さじ1
A｜塩昆布……大さじ4
　｜酢……大さじ2
　｜(好みで)輪切り唐辛子
　｜……小さじ1

作り方 ⏱ 15分

1 きゅうりは包丁の背(またはめん棒)でたたく。手で2〜3cmの長さに折る。

2 ポリ袋に**1**、塩を入れ、全体をよく揉み込み、10分ほどおく。

3 水けが出てきたら、袋を絞るようにして水けを捨てる。

4 **A**を加えて全体に混ざるようによく揉み込む。

＊味をなじませたいときは、冷蔵庫で1時間ほど冷やす。

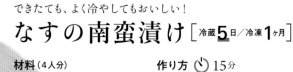

できたても、よく冷やしてもおいしい！

なすの南蛮漬け［冷蔵**5**日／冷凍**1**ヶ月］

材料（4人分）

なす……4〜5本
片栗粉……大さじ2
A｜だし汁……100mℓ
　｜砂糖・しょうゆ・酢
　｜……各大さじ2
　｜(好みで)輪切り唐辛子
　｜……小さじ1
サラダ油……大さじ3

＊だし汁は、水100mℓ＋顆粒和風だしの素小さじ1/4で代用可。

作り方 ⏱ 15分

1 なすは一口大の乱切りにし、片栗粉を揉み込むようにまぶす。

2 大きめのボウルに**A**を入れて混ぜ合わせておく。

3 フライパンにサラダ油をひき、なすを入れて蓋をする。弱めの中火にかけ、9〜10分加熱する。

4 蒸気が出て焼き色がついたら、ひっくり返す。蓋をして蒸気が出るまで2〜3分加熱する。

5 なすがしんなりしたら**2**に加えてあえる。

＊味をなじませたいときは、粗熱を取ってから冷蔵庫で2時間ほど冷やす。

1つの野菜ですぐできる、お手軽なマリネと漬け物をご紹介します。
まとめて作っておけば、毎日の献立やお弁当のおかず、おつまみなどさまざまなシーンに対応できます。

とろとろのズッキーニに、たっぷりのオリーブオイルが◎

ズッキーニの焼きマリネ ［冷蔵**5**日／冷凍**1**ヶ月］

材料（4人分）

ズッキーニ……2本
A 酢……大さじ2
　 砂糖……小さじ2
　 塩……小さじ2/3
　 粗びき黒こしょう
　　　……小さじ1/4
オリーブオイル……大さじ2

作り方 🕐 15分

1 ズッキーニは水けをよく拭き取り、7mm幅の輪切りにする。

2 フライパンに1、オリーブオイルを入れて混ぜ合わせ、全体にオリーブオイルをからめる。

3 蓋をして弱めの中火にかけ、7〜8分加熱して軽く焼き色がついたら全体を混ぜ合わせる。

4 蓋をして3〜4分加熱し、混ぜ合わせて火を止め、Aを加えて全体をよく混ぜ合わせ、10分ほどおく。

＊味をなじませたいときは、粗熱を取ってから冷蔵庫で2時間ほど冷やす。

食べるドレッシングとして、生野菜や冷製パスタに合わせても！

ミニトマトの香味マリネ ［冷蔵**4**日］

材料（4人分）

ミニトマト……400〜500g
A 酢・オリーブオイル
　　　……各大さじ2
　 砂糖……小さじ2
　 塩……小さじ2/3
　 粗びき黒こしょう・
　 オレガノ（乾燥／あれば）
　　　……各小さじ1/2

作り方 🕐 10分

1 ボウルにAを入れて混ぜ合わせておく。

2 ミニトマトはヘタを取ってから洗い、水けをよく拭き取って半分に切る。

3 1に2を加えて混ぜ合わせる。
＊味をなじませたいときは、冷蔵庫で2時間ほど冷やす。

マリネ・漬け物｜冷蔵作りおき

スープ・煮込み

野菜はまとめて蒸して、うま味をギュッと凝縮!

お手軽ラタトゥイユ [冷蔵 **5**日／冷凍 **1**ヶ月]

材料(4人分)

A | なす……2個
　| 玉ねぎ……1個
　| ズッキーニ……1本

パプリカ……1個

セロリ……1本

B | オリーブオイル……大さじ2
　| 顆粒コンソメスープの素
　| 　……小さじ2
　| すりおろしにんにく……小さじ1
　| 塩……小さじ1/2
　| こしょう……小さじ1/4

C | トマト缶……1缶(400g)
　| ローリエ……1枚

＊パプリカは、何色でも可(写真は黄)。

＊こしょうは、粗びき、粉末のどちらでも可。

＊トマト缶は、ホール、カットのどちらでも可。

作り方 🕐 30分

【下準備】

1 Aは2〜3cm角に切る。パプリカは種ごと2〜3cm角に切る。セロリは根元を2〜3cm角に切り、茎と葉は2〜3cm幅に切る。

【本調理】

2 フライパンに1、Bを入れて混ぜ合わせ、全体にBをからめる。

3 蓋をして弱めの中火にかけ、9〜11分加熱する。全体を混ぜ、Cを加えて混ぜ合わせる。

4 蓋をして中火にし、沸騰したら弱めの中火にして12〜13分煮る。全体を混ぜ合わせ、汁けが少なくなったら火を止める。

＊粗熱を取ってから、冷蔵庫で2時間以上冷やしてもOK。

うま味たっぷり! たくさんの野菜を使ったトマト味のスープと煮込みも、作りおきにぴったり。
食べるときはあたためるだけだから、手軽に野菜を食べられます。

ごはんを加えてリゾット風や、スープパスタにするアレンジも!

具だくさんミネストローネ [冷蔵**4**日／冷凍**1**ヶ月]

材料(4人分)

A | キャベツ……1/4個
　| 玉ねぎ……1/2個
　| にんじん……1/2本
　| セロリ……1/2本
　| ベーコン……80g

にんにく……2かけ

B | カットトマト缶……1缶(400g)
　| 水……400ml
　| 顆粒コンソメスープの素
　　……小さじ4
　| オレガノ(乾燥／あれば)
　　……小さじ1/2

C | 塩……ひとつまみ
　| こしょう……小さじ1/4

オリーブオイル……大さじ1

＊にんにくは、すりおろしにんにく小さじ2で代用可。
＊こしょうは、粗びき、粉末のどちらでも可。

作り方 ⏱ 30分

[下準備]

1 Aは1.5cm角に切る。にんにくはみじん切りにする。

[本調理]

2 フライパンに1、オリーブオイルを入れて混ぜ合わせ、全体にオリーブオイルをからめる。

3 蓋をして弱めの中火にかけ、9〜11分加熱する。全体を混ぜ、Bを加えて混ぜ合わせる。

4 蓋をして中火にし、沸騰したら弱火にして9〜10分煮る。

5 全体を混ぜ合わせ、Cを加えて混ぜ、1〜2分煮る。

冷蔵庫一掃メニュー!
残った端っこ野菜を入れるのがおすすめ

キャベツと鶏もも肉のトマト煮 [冷蔵**4**日／冷凍**1**ヶ月]

材料(4人分)

キャベツ……1/2個

鶏もも肉……2枚(300g×2)

片栗粉……大さじ3

A | 水……400ml
　| カットトマト缶……1缶(400g)
　| トマトケチャップ……大さじ2
　| 顆粒コンソメスープの素・砂糖
　　……各小さじ2
　| すりおろしにんにく……小さじ1
　| 塩……小さじ1/2
　| 粗びき黒こしょう……小さじ1/4

作り方 ⏱ 30分

[下準備]

1 キャベツの芯は取り除き、一口大のざく切りにする。

2 鶏肉は一口大に切り、片栗粉を揉み込むようにまぶす。

[本調理]

3 深めのフライパンに1の半量、2を広げ入れ、A、残りの1を順に加える。

4 蓋をして中火にかけ、20分ほど加熱したら弱めの中火にし、全体を混ぜ合わせる。

5 蓋をして4〜5分加熱し、全体を混ぜ合わせて火を止める。

スープ・煮込み｜冷蔵作りおき

スープ・煮込み

ルウを使わずに作れるまろやかなシチュー

具だくさんチキンクリームシチュー

［冷蔵 **4** 日／冷凍 **1** ヶ月］

材料（4人分）

鶏もも肉……2枚（300g×2）
薄力粉……大さじ4
玉ねぎ……1個
にんじん……1本
キャベツ……大4枚
バター……40g
A　水……300mℓ
　　顆粒コンソメスープの素……小さじ2
　　塩……小さじ1/2
　　こしょう……小さじ1/4
牛乳……300mℓ
サラダ油……小さじ2
＊こしょうは粗びき、粉末のどちらでも可。

作り方 🕐 30分

【下準備】

1 鶏肉は一口大に切り、薄力粉大さ
じ1をまぶす。玉ねぎは縦半分に
切り、5mm幅に切る。にんじんは
皮ごと一口大の乱切りにする。キ
ャベツは一口大のざく切りにする。

【本調理】

2 フライパンにサラダ油を薄くひき、
1の鶏肉の皮目を下にして入れ、
中火で9〜10分加熱する。

3 焼き色がついたら裏返して弱め
の中火にし、バター、1の残りを
加えて混ぜ合わせ、全体にバタ
ーをからめる。

4 蓋をして12〜13分蒸し焼きにし、
混ぜ合わせて残りの薄力粉を加
える。

5 粉っぽさがなくなるまで全体を混
ぜ合わせたら、Aを加えてのばす
ように混ぜ、3〜4分加熱する。

6 にんじんに火が通ったら、牛乳を
加えて混ぜ合わせる。5〜6分加熱
して混ぜ、沸騰したら火を止める。

体の芯からあたたまるクリームシチューと滋味深いシンプルスープ。
じっくり煮込むからこそのおいしさをどうぞ。

シンプルな味つけに、ほんのりしょうがのアクセント

冬瓜の和風スープ ［冷蔵**4**日／冷凍**1**ヶ月］

材料（4人分）
冬瓜……1/4個（正味600〜800g）
A｜ だし汁……800mℓ
　　すりおろししょうが・酒
　　　……各大さじ1
　　しょうゆ（あれば薄口しょうゆ）
　　　……小さじ2
　　塩……小さじ1
B｜ 片栗粉・水……各大さじ2
＊だし汁は、水800mℓ+顆粒和風だし
の素小さじ2で代用可。

作り方 ⏱20分
下準備
1 冬瓜は種とワタを取り除き、皮を
　むいて2〜3cm角に切る。

本調理
2 深めのフライパンに1、Aを入れ
　て軽く混ぜ、蓋をして強めの中
　火にかける。
3 沸騰したら弱めの中火にし、蓋
　を少しずらして7〜8分加熱する。
4 冬瓜に竹串がスッと通ったら、
　弱火にして混ぜ合わせたBを
　加える。
5 全体を混ぜ合わせながら3分
　ほど加熱し、とろみをつける。
＊粗熱を取ってから冷蔵庫で2時間ほ
ど冷やしてもOK。

炒めたひき肉を加えて丼めしに
香ばしく炒めたひき肉を加えてあたた
かいごはんにかけて。とろっとしたあん
かけがごはんにしみ込んで止まらぬお
いしさです。

白菜から出る水分を、
丸ごとスープで召し上がれ

白菜の鶏塩スープ
［冷蔵**4**日／冷凍**1**ヶ月］

材料（4人分）
白菜……1/2個（1300g）
鶏もも肉……2枚（300g×2）
A｜ 酒……100mℓ
　　顆粒鶏がらスープの素
　　　……大さじ2
　　塩……小さじ1
　　こしょう……小さじ1/4
＊こしょうは、粗びき、粉末のどちらでも可。

作り方 ⏱30分
下準備
1 白菜は芯を取り除いて縦2等分
　に切り、繊維を断ち切るように2
　〜3cm幅に切る。鶏肉は一口大
　に切る。

本調理
2 深めの鍋に油をひかずに鶏肉
　の皮目を下にして入れ、蓋をせ
　ずに中火で9〜10分加熱する。
3 焼き目がついたら、裏返して火
　を止め、白菜の半量、A、残りの
　白菜を順に加える。
4 蓋をして強めの中火にかけ、15
　分ほど加熱して蒸気が出たら中
　火にする。ほぐしながら全体を
　混ぜ合わせ、白菜全体をスー
　プにつける。
5 蓋をして4〜5分蒸し煮にし、全
　体をよく混ぜ合わせる。

スープ・煮込み｜冷蔵作りおき

なすを調味料とトマト缶で煮るだけの、手軽な一品

なすのトマト煮 [冷蔵**5**日／冷凍**1**ヶ月]

材料（4人分）

なす……4〜5個

A｜オリーブオイル
　　……大さじ2
　｜すりおろしにんにく・
　　砂糖・塩……各小さじ1
　｜オレガノ（乾燥／あれば）
　　……小さじ1/2
　｜こしょう……小さじ1/4

トマト缶……1缶（400g）

＊こしょうは、粗びき、粉末のどちらでも可。

＊トマト缶は、ホール、カットのどちらでも可。

作り方 🕐 15分

1　なすは一口大の乱切りにする。

2　フライパンに1、Aを入れて混ぜ合わせる。

3　トマト缶を加えて混ぜ合わせ、蓋をして中火にかける。

4　沸騰したら弱めの中火にして混ぜ、蓋をして6〜7分煮たら全体を混ぜ合わせる。

＊味をなじませたいときは、粗熱が取れるまで冷ます。

＊あたためても、冷やして食べてもおいしい。

野菜によく合う、コクたっぷりの中華風スープ

もやしと豚こまのごまみそスープ [冷蔵**4**日／冷凍**1**ヶ月]

材料（4人分）

緑豆もやし（または大豆もやし）
　　……2袋（200g×2）

豚こま切れ肉……300g

片栗粉……大さじ3

A｜水……800mℓ
　｜白すりごま……大さじ4
　｜みそ……大さじ2
　｜顆粒鶏がらスープの素・
　　しょうゆ・ごま油
　　……各大さじ1
　｜すりおろしにんにく
　　……小さじ1
　｜こしょう……小さじ1/2

サラダ油……小さじ2

＊こしょうは、粗びき、粉末のどちらでも可。

作り方 🕐 15分

1　もやしはたっぷりの水（分量外）につけて洗い、ざるにあげる。

2　豚肉に片栗粉を揉み込むようにまぶす。

3　フライパンにサラダ油を薄くひき、2をほぐし入れて弱めの中火にかける。7〜8分ほど加熱し、焼き色がついたらほぐしながらひっくり返す。

4　1、Aを加えて混ぜ合わせ、蓋をして中火にする。4〜5分ほど加熱して蒸気が出たら全体を混ぜ合わせる。

火の通りが早い野菜や食材を使えば、煮込み時間も少なくすぐできる！
和風、洋風、中華風と献立に合わせて作ってみましょう。

じゃがいもはせん切りだから、火の通りが早くて◎

せん切りじゃがいもの和風スープ ［冷蔵**4**日／冷凍**1**ヶ月］

材料（4人分）

じゃがいも……4個

A｜だし汁……800mℓ
　｜酒……大さじ1
　｜しょうゆ……小さじ2
　｜塩……小さじ1

＊だし汁は、水800mℓ＋顆粒和風だしの素小さじ2で代用可。

作り方 🕐 10分

［下準備］

1 じゃがいもはスライサーでせん切りにする。

［本調理］

2 深めのフライパンに1、Aを入れて軽く混ぜ、強めの中火で加熱する。

3 沸騰したら弱めの中火にし、よく混ぜ合わせながら2〜3分加熱する。

玉ねぎをじっくり酒蒸しにして、うま味を引き出す！

玉ねぎの冷製和風スープ ［冷蔵**4**日／冷凍**1**ヶ月］

材料（4人分）

玉ねぎ……2個

酒……大さじ2

だし汁……800mℓ

しょうゆ（あれば薄口しょうゆ）
　……大さじ2と小さじ2

＊だし汁は、水800mℓ＋顆粒和風だしの素小さじ2で代用可。

作り方 🕐 20分（冷やす時間は除く）

1 玉ねぎは半分に切り、繊維を断ち切るように5mm幅の薄切りにする。

2 フライパンに1、酒を入れて蓋をし、弱めの中火にかけて15〜16分蒸し煮にする。

3 だし汁を加えて混ぜ、蓋をして沸騰したら弱火にし、3〜4分煮る。しょうゆを加えて混ぜ、再び沸騰したら火を止める。

4 粗熱が取れたら消毒した保存容器に入れ、冷蔵庫で2時間ほど冷やす。

スープ・煮込み｜冷蔵作りおき

春雨はわかめと一緒に戻して、手早く作る！

わかめと春雨ときゅうりの酢の物

[冷蔵 **4**日]

材料（4人分）

乾燥わかめ……6g（大さじ2）

緑豆春雨（乾燥）……40〜50g

きゅうり……2本

塩……小さじ1/4

A｜ 酢・しょうゆ……各大さじ2

　　すりおろししょうが・砂糖
　　　……各大さじ1

　　顆粒和風だしの素
　　　……小さじ1/2

＊春雨は、5〜10cm長さにカットされているものがおすすめ。

作り方 🕐 15分

下準備

1 鍋に水1.5ℓ（分量外）を入れて沸かし、緑豆春雨を入れる。菜箸で混ぜて1分30秒ほど加熱し、乾燥わかめを加え、30秒ほど加熱する。ざるにあげ、水にさらして水けをきる。

2 きゅうりは1〜2mm幅の輪切りにする。ボウルに入れて塩を加え、揉み込んで10分ほどおく。

3 ボウルにAを入れて混ぜ合わせておく。

本調理

4 1の水けをよくきり、3に加える。2の水けをよく絞り、3にほぐしながら加えてあえる。

乾燥わかめを常備しておけば、ミネラル、食物繊維たっぷりの作りおきも簡単！
日々の食事に取り入れにくい海藻だからこそ、常備菜として作りましょう。

青じそやゆずの皮を入れてもおいしい

わかめともやしの酢の物
［冷蔵**5**日／冷凍**1**ヶ月］

材料（4人分）
乾燥わかめ……12g（大さじ4）
緑豆もやし（または大豆もやし）
　……2袋（200g×2）
A　水……400㎖
　　酢……大さじ1

B　酢……大さじ3
　　しょうゆ……大さじ2
　　すりおろししょうが・砂糖
　　　……各大さじ1
　　顆粒和風だしの素
　　　……小さじ1/2
＊乾燥わかめは、塩蔵わかめ40gでも可。

作り方 🕐10分
［下準備］

1 乾燥わかめは表示通りに水か
　湯につけて戻し、ざるにあげる。

2 フライパンにもやし、Aを入れ、
　蓋をして強火にかける。沸騰し
　たら、緑豆もやしを使う場合は
　すぐに火を止め、大豆もやしを
　使う場合は1分ほど加熱してざ
　るにあげる。

3 ボウルにBを入れて混ぜ合わ
　せておく。

［本調理］

4 1の水けをよく絞り、3に加える。
　2の水けをよくきり、3に加えて
　あえる。

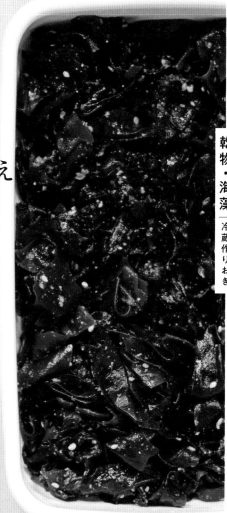

ごはんに合う甘辛味で、わかめを
たっぷり召し上がれ

わかめのごまあえ
［冷蔵**4**日／冷凍**1**ヶ月］

材料（4人分）
乾燥わかめ……15g（大さじ5）
A　白すりごま・ごま油……各大さじ1
　　しょうゆ……小さじ2
　　砂糖……小さじ1
　　一味唐辛子……小さじ1/4
＊乾燥わかめは、塩蔵わかめ50gでも可。

作り方 🕐10分
［下準備］

1 乾燥わかめは表示通りに水か湯
　につけて戻し、ざるにあげる。

2 ボウルにAを入れて混ぜ合わせ
　ておく。

［本調理］

3 1の水けをよく絞り、2に加えてあ
　える。

〜〜〜〜〜
中華スープの具材に
顆粒鶏がらスープの素を溶かした湯
に加えれば中華スープに。さらに長ね
ぎを加えたり、溶き卵を加えてアレンジ
しても。

ツナと粒マスタード、しょうゆマヨでひじきを主役に引き立てる!

ひじきとれんこんとツナの マスタードマヨサラダ ［冷蔵**5**日／冷凍**1**ヶ月］

材料（4人分）
乾燥ひじき……大さじ5（15g）
れんこん……1と1/2節（300g）
A　水……1ℓ
　　酢……大さじ1
B　ツナ缶……小2缶（70g×2）
　　白炒りごま・粒マスタード・
　　マヨネーズ
　　　……各大さじ2
　　砂糖・しょうゆ
　　　……各小さじ2
＊ツナ缶は、ノンオイル、油漬け
のどちらでも可。

作り方 ⏱10分
下準備
1 フライパンに乾燥ひじき、かぶるくらいの水（分量外）を入れて蓋をし、中火にかける。沸騰したら火を止めて5分ほどおき、水けをきる。
2 れんこんは3mm厚さのいちょう切りにする。
3 鍋にA、2を入れて強火にかけ、沸騰したら弱火にする。1分ほど加熱したらざるにあげ、水にさらして水けをきる。
4 ボウルにB（ツナ缶は汁ごと）を入れて混ぜ合わせておく。

本調理
5 1、3の水けをよくきり、4に加えてあえる。
＊味をなじませたいときは、粗熱を取ってから再びあたためる。

野菜の甘みと油揚げのコクをいかして、調味料は少なめに

切干大根の煮物 ［冷蔵**5**日／冷凍**1**ヶ月］

材料（4人分）
切干大根……60g
にんじん……1本
油揚げ……2枚
A　だし汁……400㎖
　　しょうゆ
　　　……大さじ2と小さじ1
　　酒……大さじ2
＊だし汁は、水400㎖＋顆粒和
風だしの素小さじ1で代用可。

作り方 ⏱10分
下準備
1 切干大根はたっぷりの水（分量外）に入れ、揉み洗いをしてざるにあげる。
2 にんじんは皮ごと4〜5cm長さ、5mm幅の細切りにする。油揚げは油抜きをし、縦半分に切り、5mm幅に切る。

本調理
3 フライパンに、A、1、2を入れ、蓋をして中火にかける。沸騰したら弱火にし、7〜8分加熱する。煮汁が少し残る程度になったら、火を止める。

ひじき、切干大根、高野豆腐などの乾物にはミネラル、食物繊維がたっぷり！
身欠きにしんもカルシウム豊富で、作りおきしておけば、栄養バランスを整えるおかずに。

ミネラルと食物繊維がたっぷりで、体が喜ぶ作りおき

ひじきたっぷり炒り高野 ［冷蔵 **1** 週間］

材料（4人分）

乾燥ひじき
……大さじ5（15g）
高野豆腐……1個（17g）
ごぼう……1/3本
にんじん……1/3本
こんにゃく……1/2枚
しいたけ……2枚
鶏ひき肉……100g

A｜ だし汁……150mℓ
｜ 砂糖……小さじ2

B｜ しょうゆ
｜ ……大さじ1と1/2
｜ みりん
｜ ……大さじ1/2

作り方 ⏱ 30分

下準備

1 ボウルにひじき、たっぷりの水（分量外）を入れ、10〜15分つけて戻し、ざるにあげる。高野豆腐は袋の表記通り湯または水につけて戻し、水が白く濁るまで揉み込み、水けを絞って7mm角に切る。ごぼう、にんじんは皮ごと7mm角に切り、しいたけは7mm角に切る。

2 こんにゃくは半分の厚さに切り、7mm角に切る。

本調理

3 フライパンに2を入れて中火にかけ、音が鳴るまで炒めたら中央にひき肉を加え、1分ほど加熱する。ほぐしながら混ぜ、ひき肉の色が変わったら1を加えて混ぜる。

4 Aを加えて混ぜ、1分ほど加熱する。Bを加えて混ぜ、蓋をする。沸騰したら、煮汁が少し残る程度まで10分ほど加熱する。

乾物・海藻｜冷蔵作りおき

うま味が凝縮！ そばの具材にも◎

身欠きにしんの煮物 ［冷蔵 **10** 日／冷凍 **2** ヶ月］

材料（4人分）

身欠きにしん（本乾）……4〜6本
米のとぎ汁……約600mℓ
緑茶の茶葉（またはほうじ茶の茶葉）……大さじ1

A｜ 水……400mℓ
｜ 酒……100mℓ
｜ しょうゆ・みりん
｜ ……各大さじ2
｜ 酢……大さじ1
｜ 砂糖……小さじ2

＊米のとぎ汁は、水約600mℓ＋米（または米ぬか）大さじ1で代用可。

作り方 ⏱ 50分

下準備

1 大きめの保存容器ににしんを並べ、かぶるくらいの米のとぎ汁を加える。冷蔵庫で1日（24時間）おいて戻し、4〜5cm幅に切る。

2 鍋に1、お茶パックに入れた緑茶、かぶるくらいの水（分量外）を入れる。蓋をして強火にかけ、沸騰したら弱火にして蓋を開け、2〜3分加熱する。お茶パックを取り除き、ざるにあげる。

本調理

3 フライパンにA、2を並べ入れ、落とし蓋をしてから蓋をし、中火にかける。沸騰したら弱火にし、煮汁がほとんどなくなるまで30〜40分加熱する。

野菜1つでパパッと副菜 | 大根

みずみずしい旬の大根を使って、パパッと簡単に副菜を作りましょう。
たっぷりの分量なので、余った分は保存容器に入れて保存して。

さっぱりとしたマヨダレで、箸が止まらない！

大根とツナのごまマヨサラダ［冷蔵**4**日］

材料（4人分）

大根……1/2本

A | 砂糖……小さじ1
　　| 塩……小さじ1/2

B | ツナ缶……2缶（70g×2）
　　| 白すりごま……大さじ4
　　| マヨネーズ……大さじ2
　　| 酢・しょうゆ……各大さじ1

＊ツナ缶は、油漬け、ノンオイルのどちらでも可。

作り方 🕐 15分

1 大根は皮ごとスライサーでせん切りにし、**A**をまぶして軽く揉み込み、10分ほどおく。

2 ボウルに**B**（ツナ缶は汁ごと）を入れて混ぜ合わせておく。

3 **1**の水けをよく絞り、ほぐしながら**2**に加えてあえる。

ほかの作りおきを作っている合間にじっくり作って

大根の煮物 ［冷蔵 **4** 日／冷凍 **1** ヶ月］

材料（4人分）

大根……1/2本

A｜だし汁……400㎖
　｜しょうゆ……大さじ1と1/2
　｜みりん……大さじ1/2
　｜砂糖……小さじ2

＊だし汁は、水400㎖＋顆粒和風だしの素小さじ1で代用可。

作り方 🕐 50分

1 大根は3㎝幅に切り、厚めに皮をむいて半分に切る。

2 鍋に大根、かぶるくらいの水（分量外）を入れ、蓋をして強火にかける。沸騰したら弱めの中火にし、竹串がスッと通るまで20分ほど煮て水にさらす。

3 鍋にAを入れて中火にかけ、沸騰したら2の水けをきって加え、蓋をする。

4 沸騰したら弱めの中火にし、20分ほど煮る。火を止め、30分ほどおいて粗熱を取り、味を含ませる。

＊作り方2の水に、米のとぎ汁、またはぬか小さじ1か、生米大さじ1を加えてゆでると、大根のアクが取れて臭みが抜ける。

皮ごと切って、短時間で漬かる手軽な一品

大根の漬け物 ［冷蔵 **4** 日／冷凍 **1** ヶ月］

材料（4人分）

大根……1/2本

A｜砂糖・酢……各大さじ2
　｜昆布（5㎝幅の10㎝長さ）……1枚
　｜塩……小さじ2
　｜輪切り唐辛子……小さじ1（辛味が苦手な場合は半量）

＊昆布は、顆粒昆布だしの素、または昆布茶小さじ2で代用可。

作り方 🕐 10分

1 大根は皮ごと5㎜幅の半月切りにする。

2 ポリ袋にA、1を入れ、5分ほど全体をよく揉み込む。

＊味をなじませたいときは、冷蔵庫で1時間以上冷やす。

旬のキャベツを1個買っても、なかなか使いきれないもの。
パパッとできる副菜なら、忙しい日でも作れるからおすすめです。

キャベツと塩味は裏切らない組み合わせ!

塩だれキャベツ[冷蔵**5**日／冷凍**1**ヶ月]

材料(4人分)

キャベツ……1/2個

A | 水……200mℓ
  | 塩……小さじ1

B | 白炒りごま・ごま油
  | ……各大さじ1
  | 顆粒鶏がらスープの素
  | ……小さじ1と1/2
  | こしょう……小さじ1/4

＊こしょうは、粗びき、粉末のどちらで
も可。

作り方 🕐 15分

1 キャベツは芯を取り除き、一口大のざく切りにする。

2 フライパンに1、Aを入れて軽く混ぜ、蓋をして強めの中火
にかけ、7〜8分加熱する。

3 上下を返して混ぜ、蓋をして1分ほど加熱し、ざるにあげ
て粗熱が取れるまで冷ます。

4 ボウルにBを入れてよく混ぜ合わせる。

5 3の水けをよく絞り、ほぐしながら4に加えてあえる。

＊味をなじませたいときは、冷蔵庫で30分ほど冷やす。

ピクルス風にさっぱりと酢で漬けて

キャベツの酢の物

[冷蔵 **5** 日／冷凍 **1** ヶ月]

材料（4人分）
キャベツ……1/2個
塩……大さじ1
A｜酢……大さじ2
　｜しょうゆ（あれば薄口しょうゆ）……大さじ1
　｜砂糖……小さじ1と1/2
　｜顆粒和風だしの素……小さじ1

作り方 🕐 15分

1 キャベツは芯を取り除き、7㎜幅のせん切りにする。大きめのボウルに入れて塩を加え、揉み込むように混ぜて10分ほどおく。

2 鍋に水1.5ℓ（分量外）を沸かし、火を止めて1を加え、底から全体を混ぜ合わせる。10秒ほど経ったらざるにあげ、水にさらして水けをきる。

3 ボウルにAを入れて混ぜ合わせておく。

4 2の水けをよく絞り、ほぐしながら3に加えてあえる。
＊味をなじませたいときは、冷蔵庫で1時間以上冷やす。

しょうがをアクセントに、キャベツをたっぷり食べられる

キャベツのしょうが漬け

[冷蔵 **5** 日／冷凍 **1** ヶ月]

材料（4人分）
キャベツ……1/2個
塩……大さじ1
しょうが……大1〜2かけ
昆布（5cm幅の10cm長さ）……1枚

A｜酢……大さじ2
　｜塩……小さじ1と1/2
　｜砂糖……小さじ1
＊昆布は、顆粒昆布だしの素、または昆布茶小さじ2で代用可。

作り方 🕐 15分

1 キャベツは芯を取り除き、7㎜幅のせん切りにする。大きめのボウルに入れて塩を加え、揉み込むように混ぜて10分ほどおく。

2 鍋に水1.5ℓ（分量外）を入れて沸かし、火を止めて1を加え、底から全体を混ぜ合わせる。10秒ほど経ったらざるにあげ、水にさらして水けをきる。

3 しょうがはせん切りにし、昆布はキッチンバサミで2〜3cm幅に切る。

4 ボウルに3、Aを入れてよく混ぜ合わせる。

5 2の水けをよく絞り、ほぐしながら4に加えてあえる。
＊味をなじませたいときは、冷蔵庫で2時間以上冷やす。

もやし

節約野菜として大人気なのがもやし。安売りなどで大量買いしたときは、
味違いのナムルやあえ物を作っておいしく食べきりましょう。

麺類や丼のトッピングにも！

もやしのナムル ［冷蔵**5**日／冷凍**1**ヶ月］

材料（4人分）

緑豆もやし（または大豆もやし）
　……2袋（200g×2）

A｜水……400mℓ
　｜酢……大さじ1

B｜白炒りごま・ごま油
　　　……各小さじ4
　｜顆粒鶏がらスープの素・
　　しょうゆ……各小さじ2

＊白炒りごまは、粗くすって使うとごま
の香りがより引き立ちます。

作り方 🕙 10分

1　もやしはたっぷりの水（分量外）につけて洗い、ざるにあげる。

2　フライパンに1、Aを入れ、蓋をして強火にかける。沸騰したら、緑豆もやしを使う場合はすぐに火を止め、大豆もやしを使う場合は1分ほど加熱してざるにあげる。

3　ボウルにBを入れて混ぜ合わせておく。

4　2の水けをよくきり、ほぐしながら3に加えてあえる。

＊味をなじませたいときは、冷蔵庫で1時間以上冷やす。

ピリッとした辛味がおつまみにも最高！

もやしのコチュジャンあえ

［冷蔵**5**日／冷凍**1**ヶ月］

材料（4人分）

緑豆もやし（または大豆もやし）……2袋（200g×2）

A｜水……400mℓ
　｜酢……大さじ1

B｜白炒りごま・ごま油……各小さじ4
　｜コチュジャン……大さじ1
　｜顆粒鶏がらスープの素……小さじ2
　｜しょうゆ……小さじ1

＊白炒りごまは、粗くすって使うとごまの香りがより引き立ちます。

作り方 🕙 10分

1 もやしはたっぷりの水（分量外）につけて洗い、ざるにあげる。

2 フライパンに**1**、**A**を入れ、蓋をして強火にかける。沸騰したら、緑豆もやしを使う場合はすぐに火を止め、大豆もやしを使う場合は1分ほど加熱してざるにあげる。

3 ボウルに**B**を入れて混ぜ合わせておく。

4 **2**の水けをよくきり、ほぐしながら**3**に加えてあえる。

淡白なもやしにごま油の香ばしさがたまらない

もやしのごまあえ

［冷蔵**5**日／冷凍**1**ヶ月］

材料（4人分）

緑豆もやし（または大豆もやし）……2袋（200g×2）

A｜水……400mℓ
　｜酢……大さじ1

B｜白すりごま……大さじ4
　｜しょうゆ……小さじ4
　｜砂糖……小さじ2
　｜顆粒鶏がらスープの素……小さじ1

作り方 🕙 10分

1 もやしはたっぷりの水（分量外）につけて洗い、ざるにあげる。

2 フライパンに**1**、**A**を入れ、蓋をして強火にかける。沸騰したら、緑豆もやしを使う場合はすぐに火を止め、大豆もやしを使う場合は1分ほど加熱してざるにあげる。

3 ボウルに**B**を入れて混ぜ合わせておく。

4 **2**の水けをよくきり、ほぐしながら**3**に加えてあえる。

レタス

旬のみずみずしいレタスが丸ごと手に入ったら、サラダだけでなく、
漬け物やマリネ、おひたしに。いつもと違うおいしさを味わって。

塩昆布と酢で、うま味がありつつもさっぱり！

塩昆布でレタスの浅漬け [冷蔵 **5** 日]

材料（4人分）
レタス……1個
塩……小さじ1
A｜塩昆布……15g
　｜酢……大さじ1
　｜輪切り唐辛子……小さじ1
＊好みでゆず、すだちなどの皮を刻
んだもの大さじ1を加えても。

作り方 🕐 5分（冷やす時間は除く）

1 レタスは大きめにちぎり、ざるにあげて水けをきる。

2 ポリ袋に1、塩を入れ、全体をよく揉み込む。半分くらいの
かさになり、水けが出てきたら、袋を絞るようにして水けを
捨てる。

3 Aを加えて全体に混ざるようによく揉み込み、冷蔵庫で30
分以上冷やす。

ちぎったレタスを揉んで漬けるだけ!

レタスのマリネ ［冷蔵**4**日］

材料(4人分)

レタス……1個

塩……小さじ1

A｜ 酢・オリーブオイル……各大さじ2
｜ 砂糖……小さじ2
｜ こしょう……小さじ1/4

＊こしょうは、粗びき、粉末のどちらでも可。

作り方 🕐 5分(冷やす時間は除く)

1 レタスは大きめにちぎり、ざるにあげて水けをきる。

2 ポリ袋に**1**、塩を入れ、全体をよく揉み込む。半分くらいのかさになり、水けが出てきたら、袋を絞るようにして水けを捨てる。

3 Aを加えて全体に混ざるようによく揉み込み、冷蔵庫で30分以上冷やす。

レタスの食感もしっかり残る!

レタスのおひたし

［冷蔵**4**日／冷凍**1**ヶ月］

材料(4人分)

レタス……1個

A｜ だし汁……200mℓ
｜ しょうゆ (あれば薄口しょうゆ)……大さじ2
｜ 砂糖……小さじ2

＊だし汁は、水200mℓ＋顆粒和風だしの素小さじ1/2で代用可。

作り方 🕐 5分

1 レタスは5〜6cm角にちぎり、ざるにあげて水けをきる。

2 鍋に水2ℓ (分量外) を入れて沸かす。強めの中火にし、**1**を入れて菜箸でおさえ、全体を湯につける。

3 1分ほどしたらざるにあげ、水にさらして水けをきる。

4 ボウルにAを入れて混ぜ合わせておく。

5 **3**の水けをよく絞り、ほぐしながら**4**に加えてあえる。

＊味をなじませたいときは、冷蔵庫で1時間以上冷やす。

レタス｜野菜1つでパパッと副菜

171

きゅうり

きゅうりを4～5本一気に使いきる、漬け物とマリネを作りましょう。
一度食べたら止まらない、シャキシャキ食感の副菜をどうぞ。

辛味がきいて、食欲増進!

きゅうりの豆板醤漬け [冷蔵 **5** 日]

材料(4人分)

きゅうり……4～5本

塩……小さじ1

A | 酢・しょうゆ・ごま油
　　……各大さじ1
　 | 豆板醤……小さじ2

作り方 🕐 15分

1 きゅうりは包丁の背(またはめん棒)でたたく。手で2～3cmの
　長さに折る。

2 ポリ袋に1、塩を入れてよく揉み込み、10分ほどおく。

3 水けが出てきたら、袋を絞るようにして水けを捨てる。

4 Aを加えて全体に混ざるようによく揉み込む。

*味をなじませたいときは、冷蔵庫で30分ほど冷やす。

洋風の味つけで、幅広い料理の副菜に

きゅうりのマリネ ［冷蔵**5**日］

材料（4人分）

きゅうり……4～5本

塩……小さじ1

A｜酢・オリーブオイル……各大さじ2
　｜砂糖……小さじ2
　｜すりおろしにんにく……小さじ1
　｜塩……小さじ1/2
　｜こしょう……小さじ1/4

＊こしょうは、粗びき、粉末のどちらでも可。

作り方 ⏱ 15分

1 きゅうりは包丁の背（またはめん棒）でたたく。手で2～3
cmの長さに折る。

2 ポリ袋に**1**、塩を入れてよく揉み込み、10分ほどおく。

3 水けが出てきたら、袋を絞るようにして水けを捨てる。

4 **A**を加えて全体に混ざるようによく揉み込む。

＊味をなじませたいときは、冷蔵庫で30分ほど冷やす。

梅肉とかつお節でしっかり味。ごはんやお茶漬けにも合う！

きゅうりの梅おかか漬け

［冷蔵**5**日］

材料（4人分）

きゅうり……4～5本

塩……小さじ1

A｜削り節……小袋2袋（2.5～3g×2）
　｜梅肉……大さじ2

＊梅肉は、梅干しの代わりに同量の赤じそを刻んで使っても可。

作り方 ⏱ 15分

1 きゅうりは包丁の背（またはめん棒）でたたく。手で2～3
cmの長さに折る。

2 ポリ袋に**1**、塩を入れてよく揉み込み、10分（時間に余裕
があれば30分）ほどおく。

3 水けが出てきたら、袋を絞るようにして水けを捨てる。

4 **A**を加えて全体に混ざるようによく揉み込む。

＊味をなじませたいときは、冷蔵庫で30分ほど冷やす。

きゅうり｜野菜1つでパパッと副菜

なす

夏から秋にかけて旬を迎えるなすは、生でマリネにするほか、油で炒めて甘辛味の副菜を作って、
違うおいしさを味わいましょう。

生のまま作って、ほんのりフルーティーな味わい

なすのマリネサラダ [冷蔵**4**日]

材料（4人分）

なす……4〜5個

A｜オリーブオイル……大さじ3
　｜酢……大さじ2
　｜砂糖……小さじ2
　｜塩……小さじ2/3
　｜粗びき黒こしょう
　｜　……小さじ1/4

作り方 5分

1 なすは5mm幅の斜め切りにする。

2 ポリ袋にA、1を入れ、なすから水分が出てくるまで、1分
　ほど全体をよく揉み込む。

＊味をなじませたいときは、冷蔵庫で30分ほど冷やす。

しょうがの風味と甘じょっぱいタレがしみて、
ごはんもビールもすすむ！

なすのしょうが焼き

[冷蔵**5**日／冷凍**1**ヶ月]

材料（4人分）

なす……4〜5個

A | しょうゆ……大さじ2
　| すりおろししょうが……大さじ1
　| 砂糖・みりん……各小さじ2

サラダ油……大さじ2

作り方 ⏱ 15分

1 なすは一口大の乱切りにする。Aは混ぜ合わせておく。

2 フライパンになす、サラダ油を入れて混ぜ合わせ、全体にサラダ油をからめる。

3 蓋をして弱めの中火にかけ、7〜8分加熱して全体を混ぜ合わせる。

4 Aを加え、蓋をして2〜3分加熱する。

隠し味に酢を加えて、コクのある一品に仕上げて

なすの照り焼き

[冷蔵**5**日／冷凍**1**ヶ月]

材料（4人分）

なす……4〜5個

片栗粉……大さじ2

A | しょうゆ……大さじ3
　| 砂糖……小さじ4
　| みりん……大さじ1
　| 酢……小さじ1

サラダ油……大さじ2

作り方 ⏱ 15分

1 なすは1.5cm幅の斜め切りにし、片栗粉を揉み込むようにまぶす。Aは混ぜ合わせておく。

2 フライパンにサラダ油をひき、なすを入れて蓋をする。弱めの中火にかけ、9〜10分ほど加熱する。

3 焼き色がついたら、上下を返して混ぜ、Aを加えて混ぜ合わせながら煮汁を全体にからめる。

＊あたため直す際は、フライパンに水200㎖（4人分）とともに入れて中火にかける。沸騰したら弱めの中火にし、ときどき混ぜ合わせながら好みの煮汁の量になるまで煮詰める。

なす｜野菜1つでパパッと副菜

トマト

夏野菜の代表トマトは、生のままサラダもおいしいけれど、甘酢やごまじょうゆに漬けるのもおすすめ。
塩昆布との相性もバツグンです。

甘酢に漬けて、パクパク食べられるトマトに！

トマトの甘酢漬け ［冷蔵 **5**日］

材料（4人分）

トマト……4個

A｜酢……大さじ3
　｜砂糖・しょうゆ……各大さじ2

青じそ……2枚

作り方 🕐 5分

1 トマトは8等分に切り、さらに横半分に切る。

2 ボウルにAを入れて混ぜ合わせ、1を加えてよく混ぜる。

3 器に盛り、青じそを添える。

＊かたいトマトを使う場合は、冷蔵庫で6時間以上、熟したトマトを使う場合は、冷蔵庫で30分ほど冷やす。

ごまの香りたっぷりに仕上げて。かたいトマトでも◎

トマトのごまじょうゆ漬け
［冷蔵 **5**日］

材料（4人分）
トマト……4個
A｜酢……大さじ2
　｜白炒りごま・砂糖・しょうゆ・ごま油……各大さじ1

作り方 🕑5分

1 トマトは8等分に切り、さらに横半分に切る。

2 ボウルにAを入れて混ぜ合わせ、1を加えてよく混ぜる。

＊味をなじませたいときは、冷蔵庫で30分ほど冷やす。

そのままはもちろん、冷しゃぶや麺類にかけて食べても

トマトの塩昆布ノンオイルサラダ ［冷蔵 **5**日］

材料（4人分）
トマト……4個
A｜塩昆布……20g
　｜レモン汁……大さじ1

作り方 🕑5分

1 トマトは8等分に切り、さらに横半分に切る。

2 ボウルにAを入れて混ぜ合わせ、1を加えてよく混ぜる。

＊味をなじませたいときは、冷蔵庫で30分ほど冷やす。

トマト｜野菜1つでパパッと副菜

青菜

冬に旬を迎える水菜やにら、ほうれん草をたっぷり使って、サラダやあえ物に。
こってり味のメインおかずに添えるとさっぱりします。

かつお節のうま味をダイレクトに感じる和風サラダ

水菜の大量消費サラダ［冷蔵**4**日］

材料（4人分）

水菜……1束

削り節
　　……小袋2袋（2.5g〜3g×2）

A｜白炒りごま……大さじ4

　　しょうゆ・ごま油・サラダ油
　　……各大さじ1

作り方 🕙 10分

1 水菜は3cm長さに切る。たっぷりの水（分量外）に1分ほどさ
　らしてざるにあげ、水けをきる。

2 ボウルに1、削り節を入れて混ぜ、Aを加えてあえる。

もやしやかまぼこを加えてボリュームアップしても◎

にらの中華あえ

［冷蔵**5**日／冷凍**1**ヶ月］

材料（4人分）
にら……2束
A | 白炒りごま・酢・しょうゆ・ごま油……各大さじ1
　　　　砂糖……小さじ1

作り方 🕙 10分

1　にらは4〜5cm幅に切る。

2　鍋に水1.5ℓ（分量外）を入れて沸かす。強めの中火にし、1を入れて菜箸でおさえ、全体を湯につける。

3　5秒ほど加熱したらざるにあげてボウルに入れ、流水をかけて粗熱を取る。

4　ボウルにAを入れて混ぜ合わせておく。

5　3の水けをよく絞り、ほぐしながら4に加えてあえる。

たっぷりのごまが全体にからんで香ばしい！

ほうれん草のごまあえ

［冷蔵**5**日／冷凍**1**ヶ月］

材料（4人分）
ほうれん草……2束
A | 白すりごま……大さじ6
　　　　しょうゆ……小さじ4
　　　　砂糖……小さじ2

作り方 🕙 10分

1　ほうれん草は4〜5cm幅に切る。

2　鍋に水2ℓ（分量外）を入れて沸かす。強めの中火にし、1を茎、葉の順に入れて菜箸でおさえ、全体を湯につける。

3　10秒ほど加熱したらざるにあげ、水にさらして水けをきる。

4　ボウルにAを入れて混ぜ合わせておく。

5　3の水けをよく絞り、ほぐしながら4に加えてあえる。

青菜｜野菜1つでパパッと副菜

玉ねぎ

玉ねぎを大量買いしたら、炒め物や煮込み、スープに使うのもいいけれど、
生のままおひたし、漬け物、マリネも簡単でおすすめです。

しっかりと冷やして、みずみずしい玉ねぎを召し上がれ

玉ねぎのさっぱりおひたし [冷蔵 **4**日／冷凍 **1**ヶ月]

材料(4人分)

玉ねぎ……2個

A | 削り節……小袋2袋(2.5〜3g×2)
だし汁……200㎖
しょうゆ……大さじ2と小さじ2
酢……小さじ4

＊だし汁は、水200㎖＋顆粒和風だしの素小さじ1/2で代用可。

作り方 🕙10分

1 玉ねぎは半分に切り、繊維に沿って5mm幅に切る。

2 鍋に水2ℓ（分量外）を入れて沸かす。強めの中火にし、1を入れる。2〜3分ほど加熱し、ざるにあげて水にさらして冷やす。

3 ボウルにAを入れて混ぜ合わせておく。

4 2の水けをよく絞り、ほぐしながら3に加えてあえる。

＊味をなじませたいときは、冷蔵庫で2時間以上冷やす。

だし汁をたっぷりと使った漬け物で、まろやかな仕上がり

玉ねぎの漬け物 [冷蔵**1**週間]

材料(4人分)

玉ねぎ……2個

A｜だし汁……400mℓ
｜しょうゆ……90mℓ
｜酢・みりん……各大さじ4
｜輪切り唐辛子……小さじ1

＊だし汁は、水400mℓ＋顆粒和風だしの素小さじ1で代用可。

作り方 🕐 5分

1 玉ねぎは半分に切り、繊維に沿って7mm幅に切り、耐熱容器に広げて入れる。

2 鍋にAを入れて弱めの中火にかけ、沸騰したら1分ほど加熱して火を止める。

3 2が熱いうちに1に加え、粗熱が取れたら冷蔵庫で1日以上冷やす。

レモンの風味と、粗びき黒こしょうのパンチがクセになる一品

玉ねぎのレモンマリネ
[冷蔵**5**日／冷凍**1**ヶ月]

材料(4人分)

玉ねぎ……2個

A｜レモン汁……大さじ3
｜砂糖・オリーブオイル……各大さじ2
｜塩……小さじ1と1/2
｜粗びき黒こしょう……小さじ1/2

作り方 🕐 10分

1 玉ねぎは半分に切り、繊維に沿って5mm幅に切る。

2 鍋に水2ℓ（分量外）を入れて沸かす。1を入れて2〜3分加熱したらざるにあげ、水にさらして冷やす。

3 ボウルにAを入れて混ぜ合わせておく。

4 2の水けをよく絞り、ほぐしながら3に加えてあえる。

＊味をなじませたいときは、冷蔵庫で2時間以上冷やす。

にんじん

β-カロテン豊富なにんじんは、スライサーを使えば、簡単にせん切りに。
サラダやきんぴら、ナムルでおいしくいただきましょう。

甘酸っぱくフルーティーで、時間が経つほどなじんでおいしい！

キャロット・ラペ ［冷蔵**1**週間］

材料(4人分)
にんじん……2本
A 酢……大さじ4
　オリーブオイル……大さじ2
　砂糖……小さじ1
　塩・こしょう……各小さじ1/4
＊こしょうは、粗びき、粉末のどちらでも可。

作り方 🕐5分
1 にんじんはスライサーで皮ごとせん切りにする。
2 ボウルに1、Aを入れてよく混ぜ合わせる。

甘み調味料は不使用！にんじんの甘みがいきた仕上がり

にんじんのきんぴら

[冷蔵 **5** 日／冷凍 **1** ヶ月]

材料（4人分）

にんじん……2本

A｜ しょうゆ……大さじ2
　｜ 白炒りごま・酒・ごま油……各大さじ1
　｜ 顆粒和風だしの素……小さじ1/2
　｜ （好みで）輪切り唐辛子……小さじ1

作り方 🕙 10分

1 にんじんはスライサーで皮ごとせん切りにする。

2 フライパンに1、Aを入れてよく混ぜ合わせる。弱めの中火にかけ、2～3分加熱して全体を混ぜ、さらに1～2分加熱する。

3 香りが立ち、にんじんがしんなりしてきたら、全体を混ぜ合わせる。

火を使わずに作れる作りおき。　あと一品ほしいときにも◎

にんじんのナムル

[冷蔵 **4** 日／冷凍 **1** ヶ月]

材料（4人分）

にんじん……2本
塩……小さじ1/2

A｜ 白炒りごま・ごま油……各大さじ2
　｜ 顆粒鶏がらスープの素……小さじ2

作り方 🕙 10分

1 にんじんはスライサーで皮ごとせん切りにし、ボウルに入れて塩を加える。軽く揉み込んで10分ほどおく。

2 ボウルにAを入れて混ぜ合わせておく。

3 1をざるにあげて水けをよく絞り、ほぐしながら加えてあえる。

＊味をなじませたいときは、冷蔵庫で30分以上冷やす。

きのこ

年中安くておいしいきのこは、食物繊維が豊富。だしびたしやなめたけ、
煮物などのごはんが進む副菜をパパッと作っておきましょう。

素麺やうどんのぶっかけつゆにもおすすめ！

きのこのだしびたし［冷蔵**4**日／冷凍**1**ヶ月］

材料（4人分）

えのきだけ、ぶなしめじ、ひらたけ
　　……合わせて600g

A｜だし汁……200ml
　｜しょうゆ……大さじ2
　｜みりん……大さじ1

＊だし汁は、水200ml＋顆粒和風だ
しの素小さじ1/2で代用可。

作り方 ⏱5分

1 えのきだけは3〜4等分に切ってほぐす。ぶなしめじ、ひら
たけはほぐす。Aは混ぜ合わせておく。

2 フライパンに1を入れ、蓋をして中火にかける。7〜8分ほ
ど加熱したら全体を混ぜ合わせ、鍋肌がふつふつするま
で加熱する。

＊味をなじませたいときは、粗熱を取ってから、冷蔵庫で2時間以上冷
やす。

ごはんによく合うなめたけを、手軽に自家製で

えのきのなめたけ

[冷蔵 **5** 日／冷凍 **1** ヶ月]

材料（4人分）

えのきだけ……400g

A｜しょうゆ……大さじ3
　｜みりん……大さじ1と1/2
　｜酢……小さじ1

作り方 🕐 15分

1　えのきだけは2〜3cm幅に切ってほぐす。

2　フライパンに**1**、**A**を入れて混ぜ合わせ、蓋をして弱めの中火にかける。

3　7〜8分加熱し、蒸気が出てきたら、弱めの中火のまま、さらに6〜7分加熱し、全体を混ぜ合わせる。

酒蒸しでうま味を引き出す！　ほかのきのこでも◎

甘辛しめじ

[冷蔵 **5** 日／冷凍 **1** ヶ月]

材料（4人分）

ぶなしめじ……400g

酒……大さじ2

A｜しょうゆ……小さじ4
　｜みりん・ごま油……各小さじ2
　｜顆粒和風だしの素……小さじ1/2
　｜(好みで)輪切り唐辛子……小さじ1

作り方 🕐 15分

1　ぶなしめじはほぐす。**A**は混ぜ合わせておく。

2　フライパンにしめじを入れて酒を加え、蓋をして弱めの中火にかける。

3　8〜10分加熱し、蒸気が出てきたら蓋をはずす。**A**を加えて混ぜ、**1**分ほど煮る。

＊味をなじませたいときは、粗熱を取ってから、冷蔵庫で2時間以上冷やす。

きのこ｜野菜1つでパパッと副菜

さくいん

スガ（すが）

会社員として働きながら料理家をしている。Webサイト「週末の作り置きレシピ」を運営し、作りおき料理や、作りおくことでおいしく作れる料理を幅広く紹介。月間アクセス数350万PV超えの作りおきブロガーとして、手軽でおいしい作りおきおかずに定評があり、忙しい主婦にはもちろん、男性や、料理が苦手な方に向けてわかりやすいレシピを多数掲載。著書に『つくりおき副菜 パパッと便利な野菜のおかず100』（マイナビ出版）、『スガさんの365日使えるつくりおき』（扶桑社）などがある。

撮影	吉田篤史
スタイリング	ダンノマリコ
本文デザイン	三木俊一＋高見朋子（文京図案室）
カバーデザイン	三木俊一（文京図案室）
編集協力／執筆協力	丸山みき（SORA企画）
編集アシスタント	岩間杏＋樫村悠香（SORA企画）
校正	株式会社ぷれす

材料・仕込み最小限
すぐできる作りおき

著　者　スガ
発行者　池田士文
印刷所　三共グラフィック株式会社
製本所　三共グラフィック株式会社
発行所　株式会社池田書店
　　　　〒162-0851
　　　　東京都新宿区弁天町43番地
　　　　電話03-3267-6821（代）
　　　　FAX 03-3235-6672

[本書内容に関するお問い合わせ]
書名、該当ページを明記の上、郵送、FAX、または当社ホームページお問い合わせフォームからお送りください。なお回答にはお時間がかかる場合がございます。電話によるお問い合わせはお受けしておりません。また本書内容以外のご質問などにもお答えできませんので、あらかじめご了承ください。本書のご感想についても、当社HPフォームよりお寄せください。
[お問い合わせ・ご感想フォーム]
当社ホームページから
https://www.ikedashoten.co.jp/